Et si de l'amour
on ne savait rien ?

Fabrice Midal

Et si de l'amour on ne savait rien ?

Albin Michel

À Catherine Barry, Brigitte Dolmas, Anne Ducrocq et Alice Mennesson, dont l'amitié souveraine fait chanter le monde et a rendu possible ce livre.

Un soir d'été, alors que j'étais seul à la maison, je lisais tranquillement un livre. Quand une phrase m'a ému aux larmes : « Est-il possible qu'on n'ait encore rien vu, rien su, rien dit qui soit réel et important ? Est-il possible qu'on ait eu des millénaires pour regarder, pour réfléchir, pour enregistrer et qu'on ait laissé passer ces millénaires comme une récréation dans une école, pendant laquelle on mange sa tartine et une pomme[1] ? »

J'étais alors immergé dans un profond chagrin, cherchant à trouver un chemin dans l'amour. Une porte qui s'ouvre. Mais je ne trouvais rien. Les discours courants ne m'aidaient pas. Et si, malgré les siècles, l'essentiel n'avait pas été dit ?

On parle d'histoires d'amour, de relations qui « finissent mal en général », de romances et de divorces, mais de l'amour lui-même, que savons-nous ?

En tout cas, moi, je n'en savais rien.

L'essentiel me faisait défaut.

---

1. Rainer Maria Rilke, *Les Carnets de Malte Laurids Brigge*, Gallimard, 1991, p. 38.

Mais je sentais que cette phrase disait la vérité. Je le reconnaissais.

Il me fallait tout reprendre à neuf. Ce fut un chemin plein de surprises – exaltantes, quand s'ouvraient de nouveaux mondes inattendus, douloureuses, quand il me fallait reconnaître ce qui en moi étouffait l'amour. Mais ce fut toujours un chemin vivant que je parcours encore.

Et si de l'amour on ne savait rien ?

*

Ce livre est un voyage pour découvrir un peu mieux ce qu'est l'amour et comprendre pourquoi nos idées à son propos nous égarent. L'histoire de l'Occident nous a transmis un ensemble de conceptions qui nous façonnent. Or celles-ci sont comme des lunettes déformantes que nous portons constamment. On nous a toujours dit qu'aimer c'est agir de telle et telle manière, ressentir de telle ou telle façon, et nous avons toujours obéi à cette injonction, comme de parfaits écoliers. Mais cette obéissance nous étouffe, nous éloigne même de l'amour.

Attention, nous n'avons pas besoin d'un discours nouveau, car ce sont les discours qui nous ont exilés. Nous avons à entrer de plain-pied dans l'*expérience* de l'amour. Expérience : voilà, le mot est prononcé. L'amour est d'abord une *expérience* qu'il nous faut découvrir dans toute son ampleur, sans aucun préjugé. C'est le grand défi de ce livre. Ne pas vous donner de nouveaux outils savants ou séduisants, mais vous ramener chez vous.

Ne me croyez pas sur parole, mais voyez si ce que je vais vous dire, chapitre après chapitre, renvoie à une expérience réelle ou non.

On a trop réfléchi. On a trop parlé et l'on a oublié la manière de vivre l'amour. La vôtre. Non celle d'un héros fabriqué industriellement, à Hollywood par exemple. Chaque fois que nous parlons de l'amour, des rêveries un peu trop sucrées ou des tragédies un peu trop fabriquées s'interposent et noient la fleur vivante de notre cœur. Nous faisons des gestes que nous croyons obligés. Nous prononçons des paroles empruntées. Même nos pensées ne sont plus les nôtres. Nous cherchons à ressembler à des modèles qui ne nous correspondent pas. Nos attentes sont sans rapport à nos vrais désirs.

Si bien que, plus nous cherchons l'amour, plus nous en sommes éloignés.

Et quand l'amour se manifeste parfois, quand nous le ressentons, quand son aile nous touche, cette nasse idéologique sédimentée au long des siècles le dissimule. Nous ne le reconnaissons pas. Nous le confondons avec d'étranges contrefaçons. Ou encore nous l'oublions.

Mais au fond, qu'est-ce que l'amour ? Nous ne le savons plus.

Qu'est-ce que le désir ? Qu'est-ce que faire l'amour ? Qu'est-ce que l'amitié ? Nous ne le savons plus.

Au cours de ce chemin que nous allons faire ensemble, nous allons nous mettre à l'écoute de voix souvent oubliées. Nous allons lire des auteurs qui ont nagé à contre-courant pour nous rappeler que l'amour n'est pas un sentiment accessoire mais la dimension même d'accomplissement de l'existence humaine. Que la grande maladie est de lui tourner le dos, de faire comme si tout était plus important que lui. Qu'il était, au mieux, un problème à régler.

Tout le monde souhaite être heureux. Mais sans vivre dans l'amour, comment le pourrions-nous ?

Il est temps de se mettre en route en sachant cependant qu'il ne s'agit pas ici d'être malin, ni même intelligent, mais de se disposer à une tâche plus simple, qui est aussi beaucoup plus difficile : ouvrir son cœur.

1.

Mais au fond, c'est quoi l'amour ?

Le terme d'« amour » fait peur tant il est galvaudé et usé à tort et à travers. Nous ne savons plus l'évidence : le* reconnaître *dans sa dimension la plus ample et profonde.

Lorsqu'on parle de l'amour, deux écueils nous menacent : nos idées à son propos sont si floues que plus nous en parlons, plus nous nous en éloignons ; de plus, ayant souvent été si douloureusement blessés par des histoires d'amour, nous mélangeons un peu tout, l'amour, la passion, la jalousie et la frustration.

Voilà les deux approches que nous avons de l'amour : nos idées abstraites et nos problèmes.

Dans ce chapitre, nous allons prendre une autre voie.

Mettons entre parenthèses toutes nos idées ou conceptions à son propos. Et laissons aussi nos difficultés et nos déceptions de côté. Ce n'est certes pas facile. Si, comme ce fut mon cas, vous avez grandi dans une famille où l'amour n'avait pas sa place, vous savez combien tant de vos actes et de vos pensées naissent de ce manque. Ou si, rentrant chez vous, votre mari ou votre épouse vous regarde comme un étranger, vous en veut, voire vous méprise, ou encore si vous vivez seul et isolé, la douleur est poignante.

Mais essayons de faire ce mouvement. Oublions nos difficultés pour un moment. Si nous ne savons pas ce qu'est la mer, si nous ne l'avons jamais vue, comment réussirons-nous à naviguer ?

La tâche à accomplir est simple : imaginer ce qu'est pour vous le pur amour. Un moment où tout de l'amour serait présent.

Que voyez-vous alors ? Quelle est l'allure de l'amour ?

Voilà ce que nous allons chercher maintenant à décrire.

*

L'amour est le mouvement de donner et de s'ouvrir

L'amour est d'abord un geste d'ouverture. Aimer, c'est vouloir donner et se donner librement. Ce que j'aime, je l'accueille, je lui ouvre les bras. Mon être tout entier y aspire. Si l'amour est cette expérience d'ouverture, il est alors possible de s'y fermer, comme nous l'éprouvons souvent. Mais attention, cette fermeture est une façon d'être en rapport à l'amour et non son refus. Par exemple, personne ne dirait d'un mur qu'il est fermé, tout simplement parce qu'il ne lui est pas possible de s'ouvrir. Au contraire, parce qu'une porte peut être ouverte, nous pouvons la fermer. Il n'y a donc de fermeture que là où l'ouverture est possible et vice-versa.

Pourquoi est-ce important ? Parce que nous croyons trop souvent que si nous sommes fermés, que notre cœur est froid, que nous n'arrivons pas à aimer comme nous le souhaiterions – nous sommes sans amour. Eh bien, cette conception est fausse. Il n'est pas possible de s'installer une fois pour toutes dans l'ouverture de l'amour. Aussi cessons de nous sentir au-dessous de tout lorsque nous sommes fermés. Nous avons continuellement à faire et à refaire ce mouvement. À nous ouvrir. À enlever les écailles de notre cœur. À nous dénuder. À accepter d'être vulnérables. Sensibles.

C'est cela, l'amour.

Il ne consiste pas à s'installer dans un état définitif, mais à être prêt, encore et encore, à faire et refaire l'effort d'ouvrir son cœur.

Premier visage : aimer consiste bien plus à désirer ardemment ouvrir notre cœur qu'à éprouver la satisfaction qu'il le soit. Aussi l'amour est-il plus un geste à faire, un mouvement à accomplir, qu'un état.

*

L'amour sait en toute vérité

L'amour a un autre visage : il *sait*. Rien n'est plus faux que cette sentence bien connue : « L'amour est aveugle. » Nous le constatons souvent dans nos vies : il arrive des moments où nous nous rendons compte que, par amour, nous savons intuitivement ce qu'il faut faire, comment répondre à quelqu'un, quelle décision prendre.

Opposer amour et savoir a quelque chose de presque sacrilège. C'est méconnaître le sens de l'un comme de l'autre. Pourquoi réduire l'amour au seul sentiment et la pensée à une forme de réflexion conceptuelle et strictement rationnelle ?

La pensée n'est pas coupée de l'expérience, de la tendresse et de l'amour ! Martin Heidegger fait remarquer qu'en allemand le mot *denken*, « penser », est étymologiquement proche de *danken*, « remercier ». Ce rapprochement, opéré par la langue même, témoigne qu'il existe un espace commun à l'amour et à la pensée. Faute d'en prendre acte, nous croyons connaître une personne quand nous nous sommes renseignés sur ses capacités, son apparence, sa condition sociale, son emploi ou ses goûts… Alors qu'en réalité, ces informations ne disent rien d'essentiel. Seul l'amour nous permet de connaître vraiment quelqu'un.

Second visage : l'amour voit bien plus loin et sait bien mieux que tout raisonnement. Il est une forme de pensée éminente, spontanée et juste.

*

Un tendre laisser-être

Lorsque l'amour est là, pleinement présent, alors vous vous laissez être et vous laissez être dans un même mouvement.

Ce geste est le contraire de toute crispation, que ce soit l'attachement aveugle, la haine ou l'indifférence. S'accrocher à quelqu'un, le détester ou l'ignorer sont autant de refus de l'amour. Autant de façon de dire : « Je ne veux pas que tu sois ce que tu es. »

Impossible d'adopter cette attitude de laisser être sans tendresse. La tendresse est une disposition très singulière qu'il faut distinguer de la douceur. Beaucoup de personnes sont douces, mais peu sont véritablement tendres. La douceur est une simple absence d'agression. Nous cessons de réagir avec brutalité devant un événement qui nous contrarie. La tendresse est bien plus proche de la vérité de l'être humain et de l'amour. Elle nous met en rapport l'un à l'autre. Lorsque vous caressez la main d'une personne avec tendresse, vous êtes vraiment ensemble. Vous vous tenez au plus près d'elle tout en faisant le mouvement qui la conduit à être.

Troisième visage : aimer, c'est accepter de ne plus tout dominer pour laisser être.

*

Là où l'amour rayonne, la joie chante

Quand nous aimons, quand nous sommes aimés, nous sommes joyeux. C'est même une bonne mesure pour reconnaître que l'amour est bien là. Si je suis triste et inquiet, c'est qu'il y a un problème.

La joie est inséparable de l'amour.

Dans l'amour, nous nous sentons allégés, soulagés même. Toutes ces questions qui souvent nous taraudent – « Qui suis-je ? », « Quel est le sens de ma vie ? », « Est-ce que j'ai bien fait ? » – ont moins d'emprise. L'angoisse est moins pesante. L'horizon s'ouvre. Tout est plus simple. Nous cessons d'être crispés sur nous-mêmes, cramponnés à ce que nous avons ou à ce dont nous manquons, à ce que nous pensons.

La joie se distingue de la satisfaction. Obtenir un pain au chocolat de plus n'est pas la joie. Une satisfaction ne comble rien. Une autre faim surgit. Si nous sommes comblés par la joie, en revanche, notre inquiétude qui nous pousse à des demandes incessantes se calme et peut même cesser. Tout est accordé.

Quatrième visage : là où l'amour pleinement se donne, la joie est indiscutablement présente.

*

Un sens profond d'unité

Dans l'amour, nous faisons l'épreuve d'une magnifique unité : tu n'es plus séparé de « moi » – et du coup, le ciel, les arbres, les cris des enfants ne sont plus, eux aussi, séparés de « moi ».

Tout ce qui existe est pris dans ce mouvement d'unité. Alors que notre expérience quotidienne est une somme d'émotions, de perceptions et de pensées qui se succèdent, se contredisent et s'entrechoquent, dès que l'amour paraît, tout se rassemble. Le plus souvent nous sommes désorientés par la fragmentation de notre expérience. Obligés de répondre à des demandes diverses, sans que rien ne les tisse ensemble. Nous sommes sur le qui-vive. En revanche, quand l'amour est là, tout devient plus familier. Pour cette raison, je suis plus près d'un ami que j'aime – même si géographiquement il est loin – que de mon voisin de palier. Pouvoir se rendre à l'autre bout du monde en quelques heures n'implique nullement que nous soyons plus proches les uns des autres. Le croire, c'est confondre les ordres de la géographie avec ceux du cœur.

Cette unité de l'amour est vaste. Elle transcende les frontières, les oppositions et franchit les limites ordinaires du temps et de l'espace.

Cinquième visage : dans l'amour, nous avons le sentiment profond de n'être plus séparés de ceux que nous aimons.

2.

Comment faire l'expérience véritable de l'amour ?

L'amour le plus haut est à portée de main. Mais nous l'avons oublié. Comment et où le retrouver ?

Nous venons de chercher à mieux percevoir ce que serait l'expérience de l'amour dans sa vérité la plus profonde. Pour y arriver, nous avons mis entre parenthèses les circonstances pour chercher à le considérer en lui-même. Nous avons fait un exercice philosophique : prendre ce qui fait question – l'amour – *directement* et non en l'appréhendant par ses diverses manifestations.

C'est ainsi que la philosophie est née. Socrate rencontrait ses concitoyens dans la rue, sur la place publique ou aux bains et leur posait des questions. Il demanda ainsi un jour à Hippias, un savant très réputé de son temps : « Qu'est-ce que la beauté ? » Ce dernier lui répondit, dérouté tant la question lui paraissait facile : « Une belle jeune fille. » Socrate lui rétorqua aussitôt que sa réponse ne convenait pas. Il ne lui demandait pas : « Qu'est-ce *qui* est beau ? » mais : « Qu'est-ce *que* le beau ? »

Cette remarque déstabilisa encore plus Hippias, qui ne voyait pas en quoi consistait la différence que lui indiquait son interlocuteur. Mais Socrate insista : « Un cheval, une lyre aussi peuvent être beaux. Là n'est pas ce qui fait débat. La question que je te pose est bien : quel est le beau en soi, le beau qui pare toute chose et la fait apparaître comme belle ? »

Hippias, plein d'orgueil et soucieux de préserver sa réputation, tenta une autre réponse : c'est l'or qui rend tout beau, car « quand l'or s'y est ajouté, un objet qui paraissait laid auparavant paraît désormais beau ».

Socrate fit la moue et rétorqua que la statue d'Athéna au Parthénon avait beau être en ivoire et en pierres précieuses, elle était particulièrement belle. De plus, une cuillère en or ne serait pas supérieure pour préparer le repas à une cuillère en bois, et elle ne serait pas plus belle. Hippias, qui n'était pas philosophe pour deux sous, abandonna la discussion et leur dialogue s'arrêta ainsi.

La philosophie nous invite à porter le regard non sur la chose belle, non sur un exemple d'action juste, non sur une belle histoire d'amour, mais sur l'être même du beau, de la justice ou, comme ici, de l'amour. Ce qui compte n'est pas d'arriver à une définition parfaite, de savoir avec certitude ce qu'est l'amour pour l'enfermer ensuite dans un concept indiscutable, mais de nous ouvrir à son secret. Certes Socrate ne réussit pas dans ce dialogue avec Hippias à définir la beauté, mais il nous conduit à faire attention à ce qu'elle est.

*

Quand faisons-nous l'expérience de l'amour ?

Qu'avons-nous vu jusqu'ici de ce qu'est l'amour ?

L'amour est un oui inconditionnel qui est pleine ouverture, engagement à laisser être celui que l'on aime, être ce qu'il est, en pariant pour ce qu'il y a en lui de meilleur. Il est accompagné d'un sens de joie et de détente profond et tendre. Il est aussi empli d'une dimension de chaleur bienveillante.

Son contraire est la haine sous tous ses visages – comme hostilité déclarée ou dissimulée. Dans tous les cas, elle dit : « Je ne veux pas que tu sois ce que tu es. » Elle sépare et refuse. Dans un dessin plein d'humour de Voutch, on voit une femme sur la promenade piétonne d'une plage dire à l'homme qui lui fait face : « Sache que je suis tout à fait prête à t'accepter tel que tu es, Julian. Mais d'abord, il faut que tu deviennes quelqu'un de *complètement* différent[1]. »

La haine prend des visages retors. Aussi réussit-elle aisément à nous tromper par un discours qui se présente comme plein de sollicitude et qui vise cependant à faire de nous l'objet d'un désir ou d'un projet qui sont sans égard pour nous. Dire : « Je t'aime à condition que tu deviennes quelqu'un d'autre » – voilà l'un des plus grands sacrilèges commis envers l'amour.

---

1. *Psychologie magazine*, septembre 2007.

Sur la base de ce regard philosophique posé sur l'amour, examinons à présent les situations où nous pouvons le rencontrer.

Ce qui vient d'abord à l'esprit est que l'amour, nous le vivons au premier chef dans la relation amoureuse. Mais commencer par là pour le comprendre risque de nous égarer. Les relations amoureuses sont généralement l'occasion de toutes les projections, de tous les attachements et de toutes les illusions. Les possibilités de fourvoiement y sont inimaginables. Trop souvent, nous attendons de l'autre qu'il réponde à *nos* besoins. Nous avons des attentes sans même le savoir distinctement. Nous les projetons sur l'être que nous aimons. C'est un authentique embrouillamini ! Comme le souligne le philosophe espagnol Ortega y Gasset, être amoureux n'est généralement pas le lieu de la vérité de l'amour, mais plutôt « une espèce d'imbécillité transitoire[1] ». On y confond l'attachement et l'amour, l'affection et le sentiment de manque.

Il faut bien du temps pour découvrir, dans la relation amoureuse, la vérité de l'amour. Rainer Maria Rilke y revient à plusieurs reprises dans ses *Lettres à un jeune poète* : « L'amour d'un être humain pour un autre, c'est peut-être l'épreuve la plus difficile pour chacun de nous, c'est le plus haut témoignage de nous-mêmes ; l'œuvre suprême dont toutes les autres ne sont que les préparations. C'est pour cela que les êtres jeunes, neufs en

1. José Ortega y Gasset, *Études sur l'amour*, Rivages, 2004, p. 77.

toute chose, ne savent pas encore aimer ; ils doivent apprendre[1]. »

Aussi mettons de côté, pour l'instant, la relation amoureuse et essayons de discerner les expériences où l'amour apparaît dans toute son évidence. Quand sommes-nous donc dans l'amour, de manière sûre ?

*

Des arbres, des montagnes et du ciel

La plupart des êtres humains font cette expérience au contact de la nature. Lorsqu'ils marchent à travers champs par une nuit éclairée des seules étoiles, en tombant nez à nez avec la majesté d'un arbre, en respirant un soir après la pluie, en contemplant un poisson qui passe dans une rivière, en marchant pieds nus sur le sable blanc, ils sont soulagés, ils éprouvent de la chaleur et de la joie, un sentiment d'unité et de confiance – qui est précisément l'amour. Mais cette expérience est si simple que généralement nous n'y prêtons pas attention. Nous manquons ainsi la main que nous tend l'amour !

L'amour ne se limite pas à des sentiments romantiques entre deux individus, il peut être rencontré dans de nombreuses autres situations.

---

1. Rainer Maria Rilke, *Lettres à un jeune poète, Œuvres I*, Seuil, 1972, p. 334-336.

Lorsque j'étais enfant, mes parents m'emmenaient chaque week-end dans une petite maison à la campagne. Je faisais mon possible pour ne pas y aller, préférant rester avec mes copains. Pourtant aujourd'hui, quand j'y retourne, je sens que cette terre si spécifique de la Beauce, aux paysages plats et où rien n'arrête l'immensité du ciel, fait désormais partie de moi. Retrouver ce lieu me fait du bien d'une manière que je ne peux pas expliquer. Le lieu n'est pas particulièrement beau, mais j'ai l'impression que les arbres me reconnaissent quand j'y arrive. J'aime saluer chacun d'eux. Là-bas, ma marche change peu à peu de rythme. S'approfondit. La terre m'accueille et m'écoute. Je me sens aussitôt soulagé.

Mon propos n'est pas d'idéaliser la nature et de nier que, des tremblements de terre aux tsunamis, elle peut être terrible. Mais je veux juste souligner que nous avons vécu des moments d'amour vrai et profond au contact de la nature. Et qu'il est important de le reconnaître.

Certes, il est très difficile de mettre des mots sur ces expériences. Ariadna Efron, évoquant sa mère Marina Zvétaieva[1], l'un des plus grands poètes du XXe siècle,

1. Le nom de Marina Ivanovna Zvétaieva sera partout ici orthographié comme le fait Guislaine Limont, dans son édition, au Mercure de France, de *Mon frère féminin* (Paris, 1979). Marina Zvétaieva qui a longtemps vécu en France, écrivait elle-même son nom ainsi. Comme le souligne François Fédier (*Entendre Heidegger*, Le Grand Souffle, 2008, p. 212) : « Marina Zvétaieva voulait faire entendre l'attaque de son nom autrement que dans le sifflement du Ts. Elle lui préfère le fredonnement du Dz – que fait entendre chez nous la consonne Z. Zvétaieva savait le français. Elle joue de sa musique. Si vous prononcez son nom selon cette orthographe, vous l'entendrez sonner comme elle souhaite qu'il sonne. »

écrivit : « Elle avait avec la nature de véritables liens de sang : elle l'aimait. Elle aimait les montagnes, les rochers, la forêt, d'un amour païen et en même temps dominateur, sans éprouver aucun goût pour la contemplation[1]. » Telle est bien l'épreuve réelle de la nature, elle fait partie de nous. Elle ne nous est pas extérieure. À son contact, nous la reconnaissons comme nous constituant. Peut-être est-ce pour cela qu'elle nous touche parfois si profondément ?

Dans cette expérience, nous ne sommes pas seulement dans la nature, mais nous sommes ouverts à elle, nous laissons son immensité nous toucher. Nous ne regardons plus, comme trop souvent, le paysage comme si c'était une image : distinguant au premier plan la maison aux volets bleus, puis une petite fille qui court – tandis que tout le reste, arbres, champs et ciel, est perdu dans un vague arrière-plan. Nous avons le sentiment d'être inséparablement liés à la nature, fondus en elle, faisant partie de son rythme. L'arbre est tout aussi vivant que le champ de colza, que la maison. Il n'y a plus de différence entre ce que nous voyons et ce que nous ressentons. Le paysage n'est pas à l'extérieur de nous, mais résonne en tout notre être. Souvent, les gens à qui je parle de cette expérience me confient que c'est surtout durant leur enfance qu'ils ont vécu des moments intenses dans la nature, et que peu à peu, avec les années, la beauté de ces rencontres s'est émoussée.

---

1. Ariadna Efron, *Marina Tsvetaeva, ma mère*, Éd. des Syrtes, 2007, p. 18.

Ce sont généralement les poètes qui en parlent le mieux. Marcel Proust raconte ainsi comment, se promenant un jour au printemps, il découvre « un ange resplendissant se tenant debout, étendant largement [...] l'éblouissante protection de ses ailes d'innocence : c'était un poirier en fleur[1] ». L'émotion que nous ressentons alors nous plonge en effet dans un monde féerique ou tout du moins magnifique, même s'il est très simple.

Cette expérience de soulagement, de grâce et de confiance peut aussi bien survenir dans la nature pacifiée de nos jardins qu'au cœur de la tempête, sous la pluie ou dans le grand silence du désert – l'essentiel est cette impression d'être un avec la nature, de participer de son harmonie. Il n'est pas nécessaire de se rendre dans des paysages sublimes pour la vivre. La nature est partout. Mon ami Bruno peut simplement, en voyant un oiseau se poser devant lui, entrer dans une grande joie. D'un seul coup, il s'oublie et tous ses soucis se dissolvent.

*

Le secret de l'œuvre d'art et le visage de la peinture

L'art constitue un autre lieu où il nous est donné de faire l'expérience du pur amour. Vous écoutez par exemple un morceau de musique et vous êtes ému de tout

1. Marcel Proust, *À la recherche du temps perdu*, t. II, Gallimard, « Bibliothèque de la Pléiade », 1988, p. 161.

votre être. Vous êtes comme lavé des complications qui rendent la vie difficile. La musique vous porte dans un espace réconcilié, où tout semble harmonieux au point que parfois les larmes jaillissent et vous soulagent. La remarque du chef d'orchestre Bruno Walter, évoquant Mozart, me semble très juste : « Il faut que cela soit si gai, si gai, que l'on ait envie de fondre en larmes. »

J'ai la conviction que le sens de toute œuvre d'art est de nous montrer par où nous pouvons entrer dans l'amour. Un tel propos surprend aujourd'hui car nous avons réduit l'art à une forme de divertissement sans ampleur, une manière de se vider la tête, de se changer les idées ou à un élément culturel et intellectuel abscons. Rien n'est plus éloigné de la vérité de l'œuvre d'art que ces conceptions. L'œuvre d'art ne vise pas à procurer un plaisir esthétique, subjectif et volatil, ni même une connaissance, mais à nous faire entrer dans le pur amour. Les véritables œuvres d'art sont en ce sens très rares.

Une des expériences les plus fortes que j'aie vécues a été de regarder une série d'autoportraits de Rembrandt. Je marchais dans un musée, sans attente particulière, et je suis entré dans une exposition consacrée à ce peintre. J'ai eu alors le sentiment troublant que ces têtes d'homme me regardaient et même me parlaient.

Il ne m'était plus possible de chercher à reconnaître, dans ces visages, quelqu'un de beau ou d'intelligent, de jeune ou de vieux, je voyais un être humain dépouillé de tous les masques, de tous les artifices, de toute posture. Son humanité même. Son imperfection parfaite. Le cœur de son être.

Dans ses autoportraits, Rembrandt touche d'une

manière étonnante à la vérité de l'être humain. Il montre le visage avant toute pose, le visage avant qu'il se fige, se crispe ou se tende. Le visage qui vous regarde et devant lequel on ne peut alors que rendre les armes. J'ai été mis à nu et envahi, à ma propre surprise, d'un sentiment d'amour poignant pour toute l'humanité.

*

La nature et l'art offrent autant d'occasions où il est possible de rencontrer, même fugacement, le pur amour. Si nous reconnaissons que ces expériences, dans leur extrême simplicité, presque banale, sont l'approche la plus directe de l'amour, nous aurons fait un grand pas. L'amour ne nous est pas refusé. Nous l'avons déjà rencontré. Nous pouvons encore l'éprouver. Il est loin d'être un mythe, un rêve, une vision éculée, nous en avons fait l'épreuve.

Tout être humain a, ne serait-ce qu'un instant, fait l'expérience la plus parfaite de l'amour. Les circonstances de cette épreuve sont anecdotiques et Marina Zvétaieva a bien raison d'écrire : « Je ne fais aucune différence entre un livre et un être humain, un coucher de soleil et un tableau. Tout ce que j'aime, je l'aime d'un même amour. » L'étonnement que peut provoquer un tel propos vient du fait que nous cherchons l'amour dans une mauvaise direction : sous un mode éthéré, extrême ou encore égoïste. Nous nous cognons la tête contre un mur, sans nous rendre compte que, juste à côté, la porte est ouverte et qu'un chemin nous attend.

Mais comment y entrer et nous y engager ?

C'est cela qu'il nous faut à présent examiner.

3.

La clef qui ouvre la porte de l'amour est l'attention

Si vous voulez aimer, prêtez attention à ce que vous rencontrez – aux détails d'une robe, à la singularité d'une émotion, à une parole qui vous est adressée. L'attention est en effet la clef du palais de l'amour.
Mais encore faut-il retrouver le sens juste de l'attention et non sa caricature sous la forme d'une tension volontaire et crispée.

L'attention nous ouvre à l'inconnu

Jusqu'à ce que je rencontre quelqu'un qui a su me parler du jazz et m'en faire écouter, me montrant ce à quoi il fallait faire attention, soulignant par exemple le sens de l'improvisation qui le caractérise, cette musique ne me parlait pas du tout.

Pour un être humain, tout s'apprend. Personne ne peut dire qu'il n'est pas assez sensible, assez éduqué, assez intelligent pour pouvoir apprécier un beau morceau de musique. Il suffit souvent de montrer comment écouter et où porter son attention pour ouvrir, chez tout être, de nouveaux horizons.

Cette vérité est applicable en tous les domaines.

La clef qui ouvre la porte de l'amour est l'attention.

Je me souviens, tout jeune homme, avoir visité la National Gallery à Londres avec un vieux monsieur, historien de l'art. Un peu naïvement, je lui ai demandé quel était son tableau préféré et, très gentiment, il m'a conduit devant une œuvre du Titien, l'un des plus fabuleux peintres de la Renaissance italienne. J'ai été très déçu car je l'ai trouvé quelconque. Mais, poli, je n'ai rien dit. J'ai cependant eu la présence d'esprit de lui demander ce qui, dans cette œuvre, lui plaisait.

Il m'a alors parlé du rapport des figures au paysage et de l'effort très subtil du peintre pour rendre compte des jeux de lumière. À mesure qu'il parlait, j'ai commencé à voir le tableau, à vivre en lui. Ce n'est pas qu'il m'expliquait quoi que ce soit de l'importance historique du Titien ou m'évoquait des notions d'esthétique, il me montrait simplement, avec l'amour qui était le sien pour cette œuvre qu'il avait passé sa vie à regarder, où porter mon attention. Tel est le trésor de cette faculté, qui toujours vient escorter la venue de l'amour.

Le tableau a commencé à me toucher. Ce fut un peu comme si une fée l'avait effleuré de sa baguette magique car, en quelques minutes, il ne me semblait plus le même. Il était comme métamorphosé.

Voilà une expérience décisive qui reste, le plus souvent, incomprise. Car l'art, pour la plupart des gens –

comme en témoignent les livres consacrés à ce sujet ou la plupart des visites guidées qui sont organisées dans les musées –, s'apprendrait, croit-on, par un ensemble de références qu'il faudrait s'approprier. Toute œuvre devrait ainsi être située dans une histoire, son sujet repéré, ses influences et ses héritages mesurés. Ce travail de connaissance, s'il peut avoir un rôle, nous tend un redoutable piège. Car il nous détourne de l'effort nécessaire pour rencontrer l'œuvre d'art, effort que seule l'attention peut favoriser. Comprendre l'histoire d'une œuvre d'art ne permet pas de sentir la radiation que cette dernière peut susciter en nous, sa manière de nous toucher, d'ouvrir un chemin dans notre existence. Je plains ces visiteurs de musées condamnés à écouter des conférenciers qui, d'un air docte, leur récitent une leçon au lieu de leur montrer comment regarder pour mieux voir.

Aucune explication théorique ne peut nous permettre d'*aimer* une œuvre ou un être. Seule l'attention le peut. C'est pourquoi elle est si décisive.

Il ne s'agit pas seulement d'éprouver un certain plaisir en entrant en rapport avec une œuvre d'art – ce qui est une manière très insatisfaisante et pauvre de nous relier à elle –, mais d'éprouver *comment* elle réussit à ouvrir notre cœur et à réveiller le monde.

Pourquoi alors, si l'attention joue un rôle si cardinal dans notre existence, si elle ouvre les portes de l'amour, est-elle si peu cultivée ? Pourquoi lui préférons-nous la réflexion ou pire encore les automatismes de pensée ?

Parce qu'elle demande un singulier effort : je ne peux jamais être absolument certain qu'elle est assez soutenue, que j'ai vraiment vu l'œuvre que je contemple. Me confier à elle, c'est prendre un risque.

En revanche, comprendre un tableau ne pose pas de difficultés. Je m'appuie sur des faits indiscutables et vérifiables : « Ce tableau est l'œuvre d'un peintre de la Renaissance italienne. » Impossible de contester ce fait. Et je détiens un savoir certain que je peux resservir à volonté.

Faire attention, c'est s'ouvrir à l'inconnu, à ce qui va, aujourd'hui, faire sens et me toucher. C'est donc bien prendre un risque. Aussi préférons-nous surimposer à l'expérience nue des conceptions grossières : « Je n'aime pas ce tableau ou cet homme », « Je ne le comprends pas », « J'aime bien ses couleurs ou son regard » – ou plus subtiles : « On voit l'influence de Venise dans ce tableau du Quattrocento », « Le peintre est marqué par les textes hermétiques commentés par Marcile Ficin ». Que nos références soient savantes ou non, cela ne change rien. Elles recouvrent l'expérience que nous pourrions faire, si nous laissions l'œuvre nous toucher, nous transformer, n'être plus un objet face à nous mais une dimension de présence qui nous concerne.

Le savoir n'a de sens que s'il vient après le phénomène que je considère et en accompagne le déploiement.

*

Pour que l'attention ne devienne pas crispation

Le terme d'« attention » n'est cependant pas tout à fait heureux et témoigne bien de la manière dont, en sa vérité, cette expérience est très mal comprise. Nous disons aisément : « Fais attention » en impliquant une attitude de méfiance, comme en témoigne une des chansons les plus connues de Ronnie Bird :

Les filles pourraient te mener
Par le bout du nez
Tu es trop sûr de toi
Prends garde à toi
Un jour viendra
Fais attention.

Le message enregistré : « Attentifs ensemble. Pour la sécurité de tous, nous exerçons un contrôle attentif de vos bagages », qui passe en boucle dans le métro parisien, témoigne aussi de cette signification actuelle de l'attention. L'attention est pour nous liée à une mise en garde. Il faut *faire* attention et rester vigilant pour ne pas se faire avoir, pour être plus efficace ou être en sécurité. Un élément de tension méfiante est ainsi lié, pour nous, à ce rapport avec le monde.

Concrètement, lorsque nous voulons être attentifs, nous prenons pour cible une ou plusieurs choses importantes que nous plaçons au premier plan, mettant tout le reste à l'arrière-plan. Nous sommes entièrement pris par le roman captivant que nous lisons, par une série télé ou par la manière de répondre au plus vite à la quantité énorme de messages électroniques auxquels, dans l'urgence, il nous faut répondre ; l'ensemble de la situation (par exemple, la chaise, la fenêtre, le bleu du ciel au loin ou encore mon propre corps) devient alors comme flou. Cette forme d'attention a des avantages, comme de nous permettre d'être particulièrement efficaces dans une situation délicate. Mais maintenue sur le long terme, elle se paie d'un état de tension et de stress douloureux. Il nous faut toujours, pour la maintenir, être sur le qui-vive.

Dans son livre *La Pleine Conscience*[1], le psychologue Les Fehmi compare l'« attention à visée étroite » comme il la nomme, à l'effort que fait un fauve qui se concentre sur sa proie. Pendant la poursuite dans laquelle il s'engage, la proie ciblée passe au premier plan, et toutes les autres sont reléguées à la périphérie, même si elles sont plus proches physiquement. La visée étroite joue son rôle en provoquant une décharge d'adrénaline, en augmentant l'afflux sanguin dans les muscles ainsi que la fréquence cardiaque, et permet ainsi de subvenir aux besoins de la traque et de la prédation. Or, dans la majorité des cas, c'est ainsi que les gens mobilisent leur attention.

Vivre uniquement sous ce mode, c'est se condamner à demeurer dans un état de grande tension. Et si cette

1. Les Fehmi et Jim Robbins, *La Pleine Conscience, guérir le corps et l'esprit par l'éveil de tous les sens*, Belfond, 2010.

forme d'attention n'est pas en soi mauvaise, pouvant en certaines situations rendre service, lorsqu'elle domine notre vie psychique, elle nous épuise.

Pourquoi sommes-nous prisonniers de ce rapport de tension ?

Parce que, en sa présence, nous sentons un peu moins notre angoisse et notre inquiétude. Le stress, paradoxalement, nous soulage. En nous concentrant sur une tâche, nous nous sécurisons en oubliant pour un temps les autres. Certains vivent ainsi en permanence avec la télévision allumée et ce même en allant se coucher. Ils ont besoin d'entendre ce bruit afin d'échapper à leurs pensées et à leurs émotions. C'est une spirale malheureuse.

Nous sommes d'autant plus prisonniers de ce mode crispé d'attention que nous sommes partout fortement encouragés à le développer. Les exigences de réactivité, d'urgence, de performance s'imposent d'un bout à l'autre de notre société. Nous n'avons plus le temps. Nous sommes constamment sous pression.

Désormais tout est vécu comme urgent et important. Tout. La plupart des gens souffrent d'un stress intense qui est bien la maladie de notre temps, une maladie sociale.

Le niveau d'angoisse, de détresse et même de dépression, dont tous les observateurs constatent qu'il est en nette augmentation, s'explique par la mise en veille de l'attention ouverte.

La nécessité d'être détendu, « zen », « cool », ne nous y trompons pas, participe de la mobilisation générale propre à notre temps – cette mobilisation qui se veut de plus en plus totale. L'un des signes en est la ruse managériale de l'entreprise qui consiste à faire croire à ceux qui travaillent pour elle qu'en œuvrant intensément pour des résultats toujours plus performants, ils travaillent à leur développement personnel et progressent dans leur quête du sens ! Affreuse hypocrisie[1] !

Interroger l'amour impose d'affronter ce qui l'empêche, de reconnaître ce qui l'assaille, l'attaque et le nie. Nous sommes surpris parce que l'amour est confiné dans une toute petite pièce – nos émotions personnelles – et non reconnu comme concernant notre existence au cœur du monde.

Aussi avons-nous accepté que notre vie sociale, nos relations de travail soient sans amour. Nous trouvons même cela normal. Pourquoi ?

*

L'aventure de l'attention juste

Après avoir passé le bac, pour essayer de mieux comprendre ma souffrance et trouver une manière d'exister qui soit la plus juste possible, je me suis engagé dans des

1. Cf. Nicole Aubert, « Violence du temps et pathologies hypermodernes », *Cliniques méditerranéennes, Du malaise dans la culture à la violence dans la civilisation*, n° 78, 2008, p. 23-38 ; *Le Culte de l'urgence, La société malade du temps*, Flammarion, 2003.

études de philosophie. J'ai d'abord été soulagé de découvrir un continent qui abordait des questions importantes.

Mais après quelques mois à la Sorbonne, j'ai eu le douloureux sentiment de me cogner la tête contre un mur. Pendant plusieurs semaines, je sentais que quelque chose faisait défaut, sans pouvoir le nommer. Quel était ce mur ?

J'apprenais à rédiger une dissertation, à structurer ma pensée. Je lisais des textes difficiles, mais tout me semblait privé du grand souffle que je recherchais. Je redoublais d'efforts, me jugeant aussi peu doué que paresseux. Mais rien n'y faisait : comprendre les pensées les plus hautes ne me permettait ni de les intégrer ni de surmonter mon ressentiment et ma détresse. Je ne voyais pas comment vivre dans un monde aussi privé de tendresse où chacun, et tout particulièrement mes professeurs, parlait d'une manière aussi peu liée à l'existence humaine. Ils ne ressemblaient en rien à Socrate qui posait des questions directes à ses interlocuteurs et les poussaient à considérer leur vie. La philosophie n'était qu'un discours construit sans rapport aux défis que je rencontrais.

Elle ne me rendait pas meilleur.

Je me sentais bien maladroit et naïf avec ma demande de plus grande authenticité, de trouver un lien plus soutenu entre la pensée et la vie ! C'est alors que, dans ce moment de découragement, quelqu'un rencontré par hasard m'a conseillé d'essayer de pratiquer la méditation bouddhique. Devant mon hésitation à m'engager dans une voie religieuse, il m'a expliqué qu'il était possible d'en découvrir les bienfaits sans avoir à appartenir à une religion avec ses dogmes et son clergé. Il me suffirait de cultiver une attention nue, et d'apprendre à regarder ce qui est.

Le bouddhisme comme religion ne m'a jamais « parlé ». Hier comme aujourd'hui, je ne m'y sens pas à l'aise. Mais la pratique de la méditation est devenue le foyer de mon existence, me donnant ainsi la possibilité de retrouver une plus grande cohérence intérieure. Elle permet de mieux comprendre l'expérience que j'ai vécue à Londres devant le Titien et que Proust résume en cette phrase saisissante : « Si Dieu le Père avait créé les choses en les nommant, c'est en leur ôtant leur nom, ou en leur en donnant un autre, qu'Elstir [le peintre] les recréait[1]. » L'artiste remonte en deçà de la nomination des choses pour qu'elles apparaissent dans leur vérité première, avant que nos idées sur elles ne les recouvrent et ne les étouffent. Tout son travail est un effort d'attention qu'il faudrait qualifier de *poétique*.

La méditation n'a pas d'autre fin que de nous apprendre à cultiver cette *attention poétique*. Elle nous apprend à entrer dans un rapport plus direct aux choses et aux êtres, à retrouver ce lien primordial qui nous libère du douloureux sentiment d'être séparés de tout.

*

1. Marcel Proust, *À la recherche du temps perdu*, t. II, *op. cit.*, p. 223.

L'attention préserve la beauté et nous permet de la vivre

Il existe un lien profond, difficile à nommer, rarement explicité et dont pourtant nous avons tous fait l'expérience, entre la beauté et l'amour. La beauté d'une statue, d'un chant parfait nous apparaît comme le reflet d'un amour qui emplit l'âme de l'artiste authentique et nous traverse à notre tour tandis que nous nous mettons à son diapason.

La beauté de la mer qui, de ses couleurs changeantes en fin de journée, joue avec les rochers roses, nous touche au cœur. Son bercement régulier nous ouvre à sa splendeur.

Cette idée est très ancienne. Elle est au cœur d'un grand dialogue de Platon, le *Timée*, qui explique que la substance de l'univers où nous vivons est amour. Cette conception, qui semble aujourd'hui dépassée par nos découvertes scientifiques et notre compréhension mécanique du monde, dit pourtant bien quelque chose que nous vivons. Devant la beauté d'un paysage, nous sentons bien, en effet, que nous ne sommes pas seulement devant un ensemble d'équations mais devant un mystère qui nous concerne. Nous avons une place devant cet arbre. L'oiseau que je regarde manger ces graines que j'ai abandonnées sur le sol ne m'est pas étranger.

Penser le contraire est une erreur terrible qui nous conduit à vivre isolés, coupés de tout, considérant les autres comme des fantômes, des objets de désir, de menace ou encore de complets inconnus.

La beauté d'une œuvre d'art comme celle d'un fleuve, d'un ami qui marche dans le soir tombant, nous rappelle que nous sommes unis au monde, avant toute réflexion, avant de faire le moindre effort. Ce lien nous est donné d'emblée.

Il y a malheureusement beaucoup de moments, et même de longues périodes de temps où, comme le souligne Simone Weil, nous ne sommes pas sensibles à la beauté du monde parce qu'un écran se met entre elle et nous, soit les hommes et leurs misérables fabrications, soit les laideurs de notre propre âme[1]. Cela ne change rien au phénomène. Il nous faut retrouver un lien à cette beauté du monde, et l'attention seule nous le permet, jamais le type de réflexion à laquelle j'ai été confronté dans mes études ou qui est aujourd'hui favorisé dans les entreprises.

Même dans les moments les plus difficiles de l'existence, il est possible de se laisser toucher par la splendeur du monde. L'écrivain russe Evguénia Guinzbourg fait partie des nombreuses victimes de la barbarie stalinienne. Evguénia Guinzbourg, qui n'avait à jamais douté de la légitimité du parti, fut arrêtée, séparée des siens et condamnée à dix-huit ans de réclusion dans les camps de la Kolyma pour un crime politique imaginaire.

De cette aride terre gelée où l'homme déporté endure la faim, le froid, l'humiliation, la privation de presque

1. Simone Weil, *Intuitions préchrétiennes,* La Colombe, 1951, p. 38.

tout le réel (plus de fleurs, presque plus d'arbres), elle décrit comment elle s'ouvrit à la beauté. Septembres limpides, collines hérissées de récifs rouges des airelles et, le jour où le Dr Walter, son compagnon d'infortune, se vit restituer son passeport intérieur : « Nous nous arrêtâmes pour contempler la baie qui s'étendait devant nous. "Quel miracle aujourd'hui ! s'écria Anton. On se croirait à Naples." Des navires blancs se pressaient devant les débarcadères où ils accostaient tour à tour, chacun cédant délicatement la place au suivant. Au lieu des habituelles lueurs pourpres, c'était une lumière tamisée, d'une tendre couleur pêche, qui descendait sur le miroir bleu sombre de l'eau. Nous restions immobiles, sans pouvoir détacher nos yeux de la beauté inattendue, insoupçonnée qui nous était soudain révélée. »

Même dans les situations les plus extrêmes, il est possible de faire attention à la couleur du ciel et de s'ouvrir à sa beauté. Et tout être humain qui fait cet effort se sent mieux.

Nous retrouvons donc dans la beauté les grandes caractéristiques d'une expérience d'amour : cette ouverture bienveillante, ce sens d'unité retrouvé, cette forme de savoir réel, ce mélange de détente et de joie.

La beauté est inséparable de l'amour. L'une et l'autre s'éprouvent ensemble. Et l'expérience qu'on en fait est la possibilité d'un renversement des lacunes et des peines. Une possibilité d'ouvrir une brèche dans le malheur et d'être, un instant, hors de soi-même. Une possibilité de libérer notre cœur.

4.

La méditation : un chemin révolutionnaire pour retrouver l'ampleur de l'amour

La pratique de la méditation n'est pas un exercice parmi d'autres, un élément de spiritualité orientale échoué par hasard sur notre terre. Elle est un précieux chemin pour retrouver l'ampleur de l'amour.

Nous sommes en train de vivre un événement considérable et ce d'autant plus qu'il passe inaperçu : le modèle dominant – religieux et philosophique – de l'Occident commence à être battu en brèche par la pratique orientale de la méditation.

La manière dont cette dernière nous conduit à considérer les êtres et les choses repose sur des perspectives tout à fait neuves – même si elles ont pu être évoquées et chantées par quelques grands penseurs et poètes occidentaux en marge des idées officielles et des opinions communes.

Je voudrais ici tenter de cerner le changement de paradigme qu'implique cet art de vivre. Ce qu'il nous invite à repenser. La crise philosophique qu'il provoque.

La méditation que je vais évoquer a été établie par le Bouddha il y a deux mille cinq cents ans. À la différence d'autres types d'exercices, elle n'implique pas une réflexion intellectuelle : le pratiquant ne médite pas sur un thème donné par exemple, mais apprend à rester ouvert au présent. Elle ne consiste pas non plus, comme tant d'autres, à chercher un état de paix intérieure ou des états modifiés de conscience, mais vise à établir un rapport direct à ce qui est. Elle met donc d'abord l'accent sur la clarté de l'esprit aiguisé.

*

Franchir le mur du concept

Il y a certes une jubilation singulière à l'exercice de la pensée, à la découverte de nouvelles choses, à parler de telle manière que l'on vous écoute en étant impressionné. Mais quel est le sens et la vérité d'un tel effort ?

La pensée conceptuelle est, en réalité, une forme de poison. Elle cherche à produire des effets. Elle nous donne la possibilité de démontrer une chose et son contraire. Elle nous permet de nous imposer dans une discussion publique. De gagner l'adhésion. De se mettre une salle « dans la poche ». Car ce qui compte alors est la force de repartie, la rapidité de la réflexion, les effets de manches.

La plupart des philosophes que j'ai rencontrés n'y échappent pas. Au contraire même, ils favorisent cette attitude. Ce ne sont pas, en fait, réellement des philosophes, mais des techniciens de concepts. La plupart de nos contemporains n'y voient aucune différence, elle est pourtant considérable.

Cette approche conceptuelle d'une volonté fanatique, assoiffée de sa propre puissance, n'est nullement limitée à l'apprentissage universitaire de la philosophie. Elle signe notre rapport courant au monde. Elle est partout à l'œuvre. Elle domine chaque fois que l'objectif est de convaincre par un raisonnement implacable. De séduire. Il est possible d'y réussir en apprenant quelques « techniques de manipulation ». Le philosophe Schopenhauer s'en est amusé en répertoriant, dans *L'Art d'avoir toujours raison*, les stratagèmes que les hommes peuvent utiliser pour ce faire. Par exemple, on peut renverser l'argument de l'adversaire ; ainsi à quelqu'un qui vous dit : « C'est un enfant, il faut être indulgent », répliquer : « C'est justement parce que c'est un enfant qu'il faut le châtier pour qu'il ne s'encroûte pas dans ses mauvaises habitudes. » Ou on peut encore mettre en doute le lien entre théorie et pratique, en répliquant que la thèse défendue par votre adversaire est peut-être vraie en théorie, mais fausse en pratique, phrase qui fait presque mouche à tous les coups. Ce jeu est non seulement déstructurant, coupant l'homme de sa propre expérience, mais de plus, il entrave la possibilité de la vérité. Il œuvre contre l'intelligence du cœur.

L'amoureux est aussi victime de l'emprise vaine des concepts et du ressassement mental des événements. Il ne cesse de faire la douloureuse expérience que tout ce qu'il conçoit ne fait que l'éloigner de la réalité. Un appel téléphonique qui ne vient pas lui fait croire qu'il n'est plus aimé. Une légère hésitation dans la voix peut avoir d'infinies conséquences. Il est jaloux, mais tous les scénarios qu'il élabore reposent, comme le soulignait Stendhal, sur la projection de ses propres mobiles et désirs sur son prétendu rival. Il ne sait plus franchir le mur des concepts et entrer en rapport direct à ce qu'il aime.

*

Le grand souffle de la méditation

La méditation est surprenante pour nous, car elle est une forme de connaissance entièrement libre de ce jeu conceptuel et intellectuel. Elle le sait creux et dangereux. Elle en révèle l'inanité. Elle est, pour cette raison même, un contrepoison puissant.

L'histoire de Naropa, l'une des grandes figures du bouddhisme indo-tibétain, montre le saut qu'elle nous invite à faire. Naropa naquit dans une famille royale du Bengale au XIe siècle. À huit ans, son aspiration spirituelle était si vive qu'il s'en alla étudier au Cachemire. Après des années d'études, son talent oratoire et sa compréhension spirituelle lui valurent de devenir l'un des recteurs de la célèbre université Nalanda, qui était alors l'une des plus importantes du pays. Mais il lui manquait une compréhension réelle de la méditation. Une sorte de fée, symbole de l'intuition ou de la voix intérieure, vint le rencontrer et lui demander s'il comprenait les mots qu'il lisait. Elle fut heureuse lorsqu'il lui répondit qu'en effet, il pouvait lire sans difficulté les grands textes de la tradition, dont il connaissait tous les mots.

Puis elle lui demanda s'il en comprenait aussi le sens. À sa réponse positive, elle se mit dans une terrible colère, le traitant de menteur.

Naropa, l'un des esprits les plus brillants de son époque, comprenait d'une certaine manière le sens de ce qu'il lisait. Mais ce qui lui faisait défaut, c'était ce sens direct qui « n'a besoin ni ne dépend d'aucune des caractéristiques causales impliquant la mémoire et une quelconque habitude mentale[1] ». La méditation pouvait l'aider à découvrir cette autre pensée, cet autre rapport au monde. Il comprit le message et abandonna ses responsabilités pour se consacrer à l'essentiel.

La méditation à laquelle il se voua alors lui apprit à entrer dans un rapport direct, simple et droit à ce qui est, sans passer par la distorsion des habitudes de pensée et des constructions intellectuelles.

Or, il n'est possible de rencontrer l'amour et de le vivre que si et seulement si le filtre de la pensée conceptuelle ne le voile pas de son emprise.

*

1. Chögyam Trungpa, *The Teacup and the Skullcup*, Vajradhatu Publications, 2007.

Mais qu'est-ce que la méditation ?

Pour percevoir le sens de la méditation, plusieurs regards complémentaires sur elle sont possibles :

a) La méditation vise à développer une *attention nue*, c'est-à-dire qu'elle nous invite à ne plus chercher à comprendre conceptuellement quelque chose mais à en faire d'abord pleinement l'expérience.

b) Cette attention donne naissance à une *vision profonde*, c'est-à-dire un sens de curiosité bienveillante envers ce qui est. Elle nous apprend à voir les choses telles qu'elles sont et non plus à travers une vision distordue par nos peurs et nos espoirs.

c) Par là, nous découvrons une *manière d'être* et un sens de la présence auxquels nous avons perdu l'habitude de donner droit. Il est possible d'être simplement.

d) Cette présence décentrée nous permet de retrouver notre lien intrinsèque avec le monde et l'*ampleur ouverte et spacieuse* de l'amour.

Les ressources de l'attention ouverte

Lorsque j'apprends à me rendre attentif à quelqu'un, au lieu de le juger comme un type bien ou un idiot, je tente de le comprendre tel qu'il est. Comme l'explique Simone Weil, « c'est en désirant la vérité à vide, et sans tenter d'en deviner d'avance le contenu, qu'on reçoit la lumière. C'est là tout le mécanisme de l'attention[1] ». Impossible de faire attention sans laisser à ce que je regarde le temps et l'espace d'être, sans être mû par la vérité, sans être décidé à lui donner droit.

Si je fais attention à ce que tu me dis, tes propos, je ne les connais pas d'avance, et l'attention consiste précisément à les entendre. Pour un être humain, voilà qui ne se fait pas sans qu'il doive y mettre du sien. Et, pour cette raison, rares sont les gens capables d'écouter. Écouter ne signifie pas simplement enregistrer ce qui a été dit, mais nécessite tout un travail.

L'engagement de la méditation nous invite à développer cette attitude d'écoute envers nos pensées, nos émotions, notre esprit, et tout ce qui est.

J'ai de l'angoisse : au lieu de me fermer comme une huître devant l'épreuve qui ainsi se donne à vivre, j'entre en rapport à cette expérience, j'en fais l'épreuve.

L'esprit et le corps étant inséparables, la manière de poser celui-ci a une influence sur celui-là. Aussi la pratique de la méditation consiste-t-elle à adopter une certaine posture où l'essentiel est d'être droit, digne et solidement ancré sur la terre. On entre ainsi en rapport à son corps – qui cesse d'être le corps qu'on *a* pour devenir celui qu'on *est*. Non plus un corps instrumentalisé, qui nous obéit comme il faut, mais un corps que nous habitons.

Puis, en prenant appui sur le souffle qui vient et va, il

---

1. Simone Weil, *Notes sur la suppression des partis*, Climats, 2006, p. 51.

devient plus aisé de discerner quand nous sommes en rapport à la réalité même, et non au commentaire qui, le plus souvent, en tient place. Car la méditation vise à nous permettre de découvrir combien le commentaire que nous faisons de notre vie, des choses et des êtres que nous rencontrons se substitue à eux. Bien plus douloureuse que mon angoisse est ma peur de celle-ci, ma crispation quand elle survient, le sentiment d'être alors sans la moindre ressource. En pratiquant, nous découvrons la présence de ce commentaire étouffant. Les habitudes de pensée et d'émotions que nous avons adoptées sont comme des nuages qui nous cachent l'ampleur vraie du ciel.

En ce sens, la méditation est tout à la fois une humiliation et un soulagement. Une humiliation car nous sommes confrontés au fait que nombre de nos pensées sont mécaniques, quelquefois médiocres, parfois même méchantes ; et un soulagement car nous n'avons aucune raison de les craindre puisqu'elles vont et viennent. Pourquoi faudrait-il s'identifier à elles ? La colère vient me visiter, faut-il que je la prenne nécessairement au sérieux, que je la croie et me laisse emporter par elle ? Il y a un espace vivant et ouvert derrière elle, comme derrière tous les contenus mentaux et émotionnels qui nous traversent. Le reconnaître transforme notre expérience. Nous fait retrouver le sens de l'amour – qui est, en premier lieu, le rythme même de l'espace, la nudité du cœur que rien n'obstrue, la simplicité du présent.

La vision profonde

L'amour n'est à sa plénitude que dans la clarté de la vision juste. C'est dans ce dessein que la méditation est d'abord un regard par-delà les fausses évidences, les peurs et les projections que nous surimposons à la réalité. Voilà la découverte du Bouddha. Après de nombreuses tentatives pour maîtriser ses désirs et vivre des expériences particulières, il s'est rendu compte qu'il faisait fausse route.

Nous confondons aujourd'hui encore la méditation avec la recherche d'une certaine détente corporelle ou psychosomatique. Cette quête de bien-être n'est pas ce à quoi nous invite la pratique. Il ne s'agit pas de tenir une posture particulière, d'imiter un modèle, de fixer son esprit sur un symbole, d'atteindre des états de conscience supérieurs. On vit sans aucun doute des expériences en s'astreignant à de telles gymnastiques – mais on ne fait alors que contempler ses propres rêves. Ces expériences psychiques ne peuvent, en vérité, que nous divertir et nous égarer.

L'important est d'apprendre à être moins prisonnier de ses constructions mentales, pour mieux voir ce qui est. La méditation ne cherche pas à transcender la réalité, elle est plutôt un exercice d'intelligence. Nous en sommes surpris car pour nous l'intelligence est ce qui vient d'une réflexion complexe et reste enchaînée à des logiques plus ou moins cohérentes. Or la méditation nous révèle une autre forme de connaissance, qui est une vision directe, la reconnaissance d'une évidence qui s'impose. Elle est très proche de ce que nous nommons l'*intuition.*

Gerd Gigerenzer, directeur du Max Planck Institute de Berlin et professeur de psychologie à Chicago et à l'université de Virginie, a travaillé longuement sur l'intuition et son travail scientifique corrobore les conclusions de la réflexion bouddhiste. Dans son livre *Le Génie de l'intuition*[1], il montre que l'intelligence n'est pas seulement une activité consciente reposant sur des règles logiques claires. L'intuition apparaît très rapidement à la conscience. Nous ne savons pas les raisons qui la motivent. Elle est suffisamment évidente et indiscutable pour nous permettre de la suivre. Elle n'est pas, explique l'auteur, une impulsion ou un caprice, elle a sa propre rationalité qui, dans sa brusque évidence, n'a pas besoin ou pas le loisir d'être explicite. En ce sens, insiste Krishnamurti, « la méditation n'est pas un processus intellectuel appartenant au champ de la pensée[2] ».

La grande révolution de la méditation est de nous montrer une autre intelligence, une intelligence qui vient de l'amour, le féconde et l'éclaire. Et non une intelligence qui le détruit.

Être enfin ce que nous sommes !

J'ai commencé cet ouvrage en soulignant que l'amour s'éprouve le plus aisément dans la nature, même si c'est

1. Gerd Gigerenzer, *Le Génie de l'intuition*, Belfond, « L'esprit d'ouverture », 2009.
2. Krishnamurti, *La Révolution du silence*, Stock, 1971, p. 133.

de manière fugace. Il faut à présent ajouter que la pratique de la méditation peut nous aider grandement à reconnaître cette expérience, à lui donner droit, à la favoriser même.

Je me souviens que lors de la première retraite solitaire de méditation que j'ai faite, après avoir pratiqué longuement, le soir, marchant seul dans la forêt, je me suis senti submergé d'amour au point de devoir m'allonger. J'ai regardé un très long moment le ciel à travers les arbres, empli d'un amour inconditionnel et profond : j'aimais l'univers tout entier et tout ce qui le peuple et je me sentais entièrement aimé de lui. Aucun événement particulier n'avait suscité cet état.

Comment l'expliquer ?

Il existe une dimension de présence chaleureuse qui survient dès que notre manière de filtrer nos perceptions, de limiter nos sensations, ce mur que nous plaçons entre nous et le monde, s'effrite.

L'amour n'a pas besoin d'être fabriqué pour apparaître, il importe juste que rien ne l'entrave plus.

Allongé, j'étais conscient des arbres, du chant des oiseaux, du parfum des fleurs, du souffle du vent, ainsi que de l'espace et du silence dans lesquels s'inscrivaient ces expériences. En fait, je redécouvrais l'unité (qui n'est jamais la négation des différences) qui me liait primordialement au monde.

L'eau, l'arbre, l'homme qui marchait au loin, tout me parlait.

Pourquoi sommes-nous si souvent privés de ce lien profond ?

Parce que nous avons tendance à objectiver le monde, à en faire un objet soumis à notre domination. Je peux posséder l'énergie du fleuve en y construisant un barrage, mais alors, comment sentir ce qui me relie à lui ?

C'est en ce sens que la poésie, qui peut chanter un fleuve, célébrer une simple fleur, un objet oublié sur le trottoir, est si proche de la méditation et si proche des étoiles de l'amour. Elle témoigne de cette grande unité que nous ne cessons de perdre, d'oublier et même parfois de détruire. La méditation est sœur de la poésie.

Découvrir un sens d'espace et d'ouverture

Privés de cette unité, nous vivons dans un monde plat et terne, comme dans un vieux film aux couleurs fanées. Nous y demeurons pourtant de façon presque automatique, sans même nous en rendre compte. La pratique de la méditation nous rappelle que le monde est multidimensionnel et vivant. Vaste. Telle est la dimension la plus ample de l'amour. Les choses et les êtres y ont plus de facettes, de couleurs, de caractères que ce à quoi nous les réduisons communément. Nos perceptions peuvent nous permettre de mieux plonger en elles, de mieux apprécier et même de mieux aimer un morceau de musique, le chemin des nuages, la voix d'un ami, le goût d'un fruit. Il est temps d'apprendre à regarder à nouveau un arbre, nous ne le savons plus. Pourtant, la réalité est infiniment plus vaste que nos idées et il est possible, pour reprendre un poème de William Blake, « dans un grain de sable [de] voir un monde ».

Dans une seule perception, je peux ne plus être fixé sur ce que je regarde, mais au contraire m'y dissoudre, cesser d'être un sujet devant un objet qui me ferait face. La mer, tandis que le soir tombe, change moment après moment. Je la regarde. Elle semble prêter attention aux bateaux qui sont sur elle posés. Le jeu coloré qui l'anime, je suis à mon tour mû par lui, inclus en lui. De même, je deviens l'arbre que je regarde.

L'amour est d'abord cette ampleur qui inclut tout en elle, harmonieusement.

*

Il existe une dimension de présence plus vaste que celle à laquelle nos concepts et nos émotions habituelles nous ont accoutumés. Nous l'avons d'autant plus oubliée que le rapport technique au monde nous encourage à la nier pour développer une volonté toujours plus fanatique et crispée. Il faut tout saisir. Tout calculer. Tout prévoir.

La pratique de la méditation montre un autre visage des choses. Une autre expérience. Elle ne nous fait pas entrer dans un monde mystérieux, mais nous permet de retrouver la simplicité de notre propre existence et la beauté du monde. Elle est une discipline et non une fin en soi. Elle est une main tendue pour retrouver l'immensité de l'amour. Pour franchir les murs qui nous la dissimulent.

5.

Reconnaître le point tendre de notre cœur

Défaire un mur, ouvrir une porte, c'est prendre un risque. Celui d'être sans défense. À nu. C'est en acceptant cette fragilité que l'amour peut rayonner.

L'attention ouverte, telle que la méditation nous permet de la cultiver, nous fait prendre conscience que l'amour n'est pas une quête impossible, mais une manière de se détendre dans ce qui est. Ici et maintenant. L'amour est là. Il nous tend la main.

Mais où est sa source ? Pourquoi en nous ouvrant au présent, entrant en rapport à la réalité, est-ce l'amour qui surgit ?

Une source est une eau qui sort naturellement de terre et donne naissance à un cours d'eau ou à un lac. La source de l'amour est un point qui existe en chaque être humain. Le point où il peut être touché. Même dans les moments où nous sommes le plus fermés, où nous traversons les pires tourments, il existe une possibilité d'être émus. En dépit de toutes les difficultés, le fait que tous les êtres humains puissent entrer en rapport avec leur cœur montre au moins la possibilité, toujours en réserve, qu'un fleuve surgisse. C'est étrange quand on y pense. Tous les êtres humains, absolument tous, ont la capacité d'être touchés. Nous avons tous été affectés par quelque chose. Nous avons tous éprouvé de la tendresse.

Même si, à l'instant suivant, cette expérience est niée, abandonnée, voire ridiculisée, le phénomène reste indéniable. L'amour n'épargne personne. Quelque chose nous meut, nous émeut et ouvre notre cœur.

Pour parvenir à comprendre ce phénomène dans toute sa portée, il nous faut admettre son extrême simplicité. Rien de plus simple, en ce sens, que l'amour. Mais simplicité ne veut pas dire facilité. Il faut souvent de longs efforts pour atteindre le simple.

*

Un singulier apprentissage

Parmi les nombreuses idées fausses sur l'amour, l'une consiste à croire que soit nous l'éprouvons, soit nous ne l'éprouvons pas ; soit nous aimons, soit nous n'aimons pas. En réalité, l'amour n'est en aucun cas un don qui frapperait certains êtres, une sorte de fatalité ou de grâce qui nous tomberait ou non dessus. Il s'apprend.

Mais c'est un apprentissage très singulier. Il n'a rien de commun avec par exemple celui qui nous permet de savoir que Louis XIII a vécu de 1601 à 1643. Une telle connaissance nous est extérieure. Elle ne nous transforme pas à mesure que nous la découvrons. L'amour est d'un tout autre ordre. Il demande que nous examinions en nous-mêmes si ce qu'il dit est vrai ou non. Que nous le *re-connaissions.*

Platon s'est longuement penché sur cet étrange phénomène, pour remarquer un fait essentiel : apprendre quelque chose qui nous concerne au plus vif de notre existence comme l'amour est bien plus de l'ordre du souvenir que de la découverte.

Quand Platon ne réussit plus à dire par le raisonnement ce qui lui importe, il fait intervenir un mythe qui sait parler avec vérité. Il en évoque un très beau à ce sujet. Chaque âme, nous dit-il, possédait une connaissance parfaite avant de s'incarner dans un corps. Venant au monde, elle oublie ce qu'elle savait, mais ce savoir oublié lui laisse une trace qui stimule sa recherche. Autrement dit, si je reconnais une parole de vérité, c'est que je l'ai sue. Toute connaissance est une re-connaissance.

Dans la tradition juive, on évoque ce phénomène d'une manière très proche de celle de Platon. L'enfant qui vient au monde a déjà appris toute la Torah. Un ange efface ce savoir et pose son doigt sur la bouche du nourrisson – et la marque que nous avons entre le nez et la bouche en est le signe. Ce geste de l'effacement ouvre un réceptacle en l'homme. Tout au long de sa vie, il se sert de la trace que la Torah a laissée en lui pour retrouver le contenu qui saura remplir parfaitement l'espace laissé vide en lui.

Ce qui importe dans ces deux récits est la manière dont ils nous aident à voir que toute connaissance est une sorte de réminiscence. Nous en faisons tous l'expérience : chaque fois que nous savons quelque chose d'important pour nous, nous avons le sentiment singulier de l'avoir toujours su.

L'essentiel est donc d'apprendre à nous souvenir de l'amour. Rien n'est plus décisif. Et nous avons une parfaite boussole pour nous y aider : le point qui en notre cœur s'éveille quand l'amour s'approche. C'est lui qu'il nous faut apprendre à reconnaître.

*

Le point vulnérable

Lorsque vous demandez à quelqu'un que vous rencontrez : « Comment ça va ? », vous êtes alors en contact avec ce point vivant, à condition, bien sûr, que la phrase soit dite d'une manière qui ne soit pas trop mécanique. Lorsque vous regardez quelqu'un dans les yeux, le point de vie vous tenaille. Lorsque vous êtes blessé par une parole maladroite, vous en faites l'épreuve.

Lorsque quelqu'un vous aime, il y a quelque chose qui en vous s'ouvre. Le point s'éveille. Impossible d'aimer si ce mouvement n'a pas lieu. Dans l'expérience de l'amour, l'important est ce moment où l'on sent que l'autre se dénude et où l'on se dénude – ce moment poétique de silence contenu, ce moment d'une grande présence. Les paroles les plus magnifiques et les déclarations les plus sophistiquées ne sont que vain bruit sans cela.

Mais nous nous détournons de ces moments. Trop poignants. Ils risquent de nous faire perdre le contrôle. Beaucoup d'êtres humains sont convaincus qu'il y a quelque chose d'effroyable en eux, qu'ils sont indignes, que s'il était possible de mettre leur cœur à découvert, tout le monde fuirait. Ils vivent dans la crainte de soi. Comment oseraient-ils se retourner sur leur propre cœur pour y trouver l'amour ? Une telle proposition leur semble impossible. Il faut qu'ils se contrôlent pour éviter que la « bête » qui se cache en eux sorte au grand jour. Cette crainte qui, à force de s'être installée, a été oubliée agit désormais indépendamment de notre volonté. Nous faisons tous plus ou moins cette erreur : nous prenons cette vulnérabilité qui survient quand l'amour se montre comme un signe de faiblesse. Nous avons oublié qu'elle est le signe de notre propre noblesse, la source de l'amour.

Une source est vivante. Rien à voir avec la solidité du béton d'un parking. Retrouver la source, c'est accepter cette vulnérabilité de la terre meuble.

*

L'inconfort de la nudité

Essayons d'examiner un peu plus précisément cette expérience. Le point de vulnérabilité apparaît généralement comme une sorte de brèche qui vient percer le continuum de notre vie.

Ce peut être un enfant qui vient nous embrasser d'une manière tout à fait spontanée, et nous fondons. Nous nous laissons faire. Mais le plus souvent, l'inattendu menace l'équilibre fragile que nous essayons de maintenir. Nous le rejetons. Nous voyons un magnifique tableau, nous demandons aussitôt à la personne qui nous accompagne : « Il est beau, n'est-ce pas ? » en cherchant une confirmation qui nous permette d'éviter d'en faire l'épreuve. Nous passons aussitôt à une autre œuvre. Surtout ne pas être trop touchés. Ne pas laisser cette source d'amour déborder et nous étreindre. Ce point vivant devient trop insistant, selon nous. Il est si inconfortable qu'il ressemble parfois à une plaie ouverte. Voir quelqu'un qui souffre peut faire si mal ! Ne serait-il pas préférable de mettre un mur sur ce point et de l'oublier ? De jeter l'amour au loin ? Ce point est si sensible qu'il nous fait mal jusqu'à nous irriter, voire nous rendre violents. C'est ainsi que les hommes tendent à répondre par de la méchanceté quand ils sont touchés. Ne ressentons rien, et nous serons à l'abri.

La méchanceté humaine est une réaction contre l'immensité de l'amour qui jamais ne peut être enfermée, mise au secret, détenue.

Nous ne pouvons jamais savoir à l'avance si l'amour viendra comme nous le voulons. Concrètement, si vous aimez quelqu'un, jamais cette personne ne fera ni ne sera comme vous le voulez et elle ne pourra jamais complètement répondre à vos demandes.

Le philosophe Emmanuel Levinas a consacré de très belles pages au visage, dont la nudité témoigne de ce point de vulnérabilité. Le visage, constate-t-il, est chez un être humain ce qui ne se couvre pas et qui est toujours offert au regard. Le visage est ainsi infiniment ouvert, fragile, déchirant même, tant il est à ce point sans défense. Dans sa nudité et sa fragilité, je suis appelé à l'aimer. « Le visage s'impose à moi sans que je puisse rester sourd à son appel, ni l'oublier, je veux dire, sans que je puisse cesser d'être responsable de sa misère[1]. » Je peux bien me détourner de ce commandement, désobéir ou me révolter contre cette assignation, cela ne l'efface nullement. La seule possibilité qui m'est laissée est d'y donner droit ou non, jamais d'en dénier le caractère sacré. Telle est ma responsabilité. Il ne s'agit pas ici de considérations philosophiques abstraites mais d'une description de l'expérience humaine que nous pouvons tous faire. Chaque visage porte le signe d'une fragilité constitutive de notre humanité. Il est mortel.

Mais il faut aller plus loin. La seule responsabilité éthique ne suffit pas. Soutenir le point de nudité, c'est entrer dans l'amour – ne pas se détourner de la misère de l'autre mais l'*accueillir* chaleureusement. Tel est le sens de l'éthique véritable. *L'éthique ne consiste pas à suivre des règles morales, mais à rester fidèle au commandement du point de tendresse.* À ne pas nier la source de l'amour partout où elle affleure. Nous sommes tous harcelés par ce point et, s'il y a une loi, c'est d'abord celle de lui être fidèles. Singulière éthique qui, avant même notre consentement, nous a requis.

1. Emmanuel Levinas, *Humanisme de l'autre homme*, Fata Morgana, 1972, p. 49.

L'éthique en Occident a été pensée par une grande part de la philosophie comme étant du côté de la raison contre le sentiment. C'est une lourde erreur, qui n'en finit pas de nous ronger le cœur, de le restreindre même à une dimension subalterne. Et l'on a vu comment au cours du XXe siècle, cette morale du devoir, abstraite et intellectuelle, n'a nullement évité les crimes de masse. La seule voie possible est de consentir au point de tendresse. De se laisser attendrir par l'amour. D'en faire le socle de l'éthique.

C'est la seule possibilité même de devenir un véritable être humain.

Le point vient vous contraindre de mettre fin à votre indifférence, il vous dérange et vous dégrise. Il ne s'agit pas de *vouloir* être juste, comme on peut vouloir un avantage ou un plaisir. Le juste vous saisit, comme sous l'effet d'un choc. L'autre homme vous concerne avant que votre cœur ou votre conscience ait pu prendre la décision de l'aimer.

*

L'amour est effrayant

Contrairement à tous les discours convenus, l'amour, loin d'être désirable, le plus souvent terrifie. Et comme la plupart des hommes parlent d'amour sans reconnaître que celui-ci les effraie, leurs discours sont creux et égarants. L'amour n'est pas évoqué avec vérité par le lyrisme sirupeux auquel on l'associe, mais il l'est chaque fois qu'on parle de l'effroi que sa présence occasionne. Toucher sa peur d'aimer et d'être aimé est un geste indispensable si nous voulons faire chemin dans l'amour. Ce n'est pas une option.

Cette épreuve se fait dans l'instant. Il est impossible de s'installer dans l'amour une fois pour toutes. Le vouloir, c'est même le nier. L'amour ne nous appartiendra jamais. Nous ne nous sentirons jamais entièrement dignes de lui. Il ne peut venir à nous que comme un don qu'il nous faut apprendre à accepter et à accueillir.

Cela n'empêche nullement, dans la vie quotidienne, d'avoir une relation d'amour et de confiance avec quelqu'un. Mais cette expérience de confiance et d'amour vient du fait d'avoir créé un environnement qui rend possible de consentir au point de tendresse, moment après moment. L'effort est toujours à refaire.

Telle est la merveille de l'amour. Nous ne pouvons pas nous y installer comme dans un fauteuil. Nous avons à le redécouvrir chaque fois. Dire à nouveau, chaque fois : « Je t'aime. »

Alors que le heurt du point nous est donné, l'amour demande un engagement pour qu'il puisse pleinement se manifester. Le fait d'être touché par un être est comme un signe que l'amour s'appelle à nous. Il faut ensuite y consentir et, la plupart du temps, nous n'y consentons pas.

Autrement dit, la source de l'amour est un point qui surgit sans prévenir. Notre tâche est de tracer un trait qui soit pure fidélité à ce point. Que chaque acte, chaque parole témoigne de l'ouverture première du cœur.

6.

Retrouver l'innocence de l'amour

Sappho, parce qu'elle est la première Occidentale à dire l'amour, ouvre notre monde. L'écouter à nouveau, c'est retrouver l'innocence de l'amour recouvert par tant de discours partiaux, calculateurs ou tout simplement erronés.

Pour apprendre à consentir au point, l'un des meilleurs guides est le poète Sappho. Cette femme vécut il y a deux mille six cents ans, en Grèce, à Lesbos, la plus grande des îles face à l'Asie Mineure. Elle est née aux environs de 630 avant notre ère, soit une centaine d'années avant le grand tournant du Ve siècle qui vit naître des figures aussi illustres que celles du Bouddha ou de Confucius en Asie, et des penseurs grecs dits « présocratiques » (Héraclite, Anaximandre, Thalès, Pythagore…). La manière dont nous la connaissons aujourd'hui et en parlons est trop étroite et pleine de préjugés. Elle est la première qui, en Occident, a chanté l'amour avec une telle intensité et une telle ampleur. La lire, c'est plonger dans le lac où l'amour est aussi limpide et clair qu'un moment de parfaite innocence.

*

Sappho en son histoire et son chant

Sappho vient d'un monde où tout l'effort de la pensée philosophique grecque, avec la constitution de la métaphysique, ne s'est pas encore produit et où le christianisme, avec sa distinction de l'*éros* et de l'*agapè*, n'est pas encore apparu. Difficile pour nous de concevoir un tel univers. Sappho n'a jamais entendu parler de la notion de péché, de la séparation entre le corps et l'âme, de la libido et de l'inconscient. Mais loin que cette absence fasse d'elle une païenne primitive privée de l'essentiel, elle est ainsi en contact avec une dimension originelle de l'amour. Dimension que l'on retrouve au premier chef dans son rapport au désir et à la sexualité, qu'elle vit dans leur ampleur native.

Sappho est née en Grèce, berceau de notre civilisation. Comme tous les enfants de son temps, elle est éduquée par la lecture du poème homérique. Étonnant monde grec qui, à la différence des autres peuples, n'a pas à sa source un livre religieux mais l'ouvrage d'un poète. Tous les enfants grecs y apprennent à lire. Sappho, comme eux, sait *L'Iliade* et *L'Odyssée* par cœur.

Sappho a la chance de vivre dans une région de la Grèce et à une époque qui donnent aux femmes une liberté réelle. Sa situation professionnelle rappelle en tout point celle de poètes masculins s'entourant de disciples, et dont l'une des tâches principales est d'organiser des représentations dansées et chantées pour les fêtes publiques.

De sa vie privée, nous ne savons pas grand-chose. Elle s'est décrite petite et mate de peau. Elle aurait peut-être été mariée, donnant naissance à une fille, dénommée Kléis, qu'elle dit avoir chérie plus que tout – mais qui pourrait avoir été une élève ou une amie. Après avoir passé ses premières années à Érèse et avoir été exilée durant une courte période pour des raisons politiques, Sappho gagne Mytilène, la capitale de Lesbos, où elle fonde une école de jeunes filles. Elle y enseigne la poésie, la musique et les mystères de la déesse Aphrodite jusqu'à un âge avancé. Car malgré une légende tardive qui la fait mourir de chagrin par amour pour Phaon, elle mourut vieille comme en témoignent ses propres écrits où elle présente, sans fard, son déclin physique.

Sappho a été considérée comme l'égale d'Homère et la dixième des Muses, non seulement en raison de sa virtuosité exceptionnelle à interpréter ses émois amoureux dans toutes les formes de versification, mais aussi pour les rythmes et les mètres nouveaux qu'elle a créés et auxquels on a donné le nom de « strophes saphiques ». Les textes qui nous restent d'elle lient ensemble amour et poésie, émerveillement devant l'aimé(e) et rythme de la parole. L'amour appelle au chant. Il est à la fois source de la musique et de la poésie. On perd beaucoup à la lire en traduction, il faut faire l'épreuve de se l'entendre lire en grec par quelqu'un qui maîtrise les rythmes de ses poèmes. Même si comme moi vous ne connaissez pas cette langue, l'expérience est saisissante.

Sa vision de la poésie fait de Sappho une pédagogue au sens le plus haut du terme : son enseignement vise à libérer en ses élèves le sens de l'humanité la plus accomplie. Elle a été pour cette raison comparée à Socrate :

> L'amour, tel que l'a compris la poétesse de Lesbos – s'il est permis de conclure d'une époque plus récente à des faits plus anciens – n'est pas autre chose que l'art d'amour de Socrate. Tous deux me semblent avoir pratiqué l'amitié en même sorte, elle envers les femmes, lui envers les hommes[1].

*

L'épreuve poétique

Pourquoi son chant a-t-il à ce point commotionné ses contemporains et tant de poètes au fil de l'histoire ?

Parce que avec Sappho, l'amour, et tout particulièrement l'intensité du désir amoureux, devient l'objet de tout l'effort poétique et le centre vivant de l'existence.

---

1. Maxime de Tyr, *Dissertations,* XXIV, 7-9.

Quels furent, dans notre histoire, les autres moments où l'amour s'est imposé et a été pleinement nommé à neuf ? Ils sont évidemment très rares. Je ne vois que celui de l'amour courtois au Moyen Âge.

Sappho, sans la moindre hésitation, fait de l'amour la dimension où s'ordonne le tout de l'existence :

Quelle chose est la plus belle au monde sur la terre bleue et noire ?
Non pas une troupe de cavaliers, ni de soldats à pied, ni une escadre,
Mais moi, je dis :
C'est celui-là ou celle que l'on aime d'amour.

Ces propos, répétés depuis par tant de poètes, pourraient nous sembler d'une grande banalité. Et pourtant, c'est elle qui les invente ! Et qui aujourd'hui le dit encore vraiment ? Qui pourrait affirmer qu'en effet, rien n'est plus beau que celui ou celle qui aime d'amour ou est aimé d'amour ? Et non pas la politique, les enjeux sociaux, l'augmentation espérée de son salaire, la manière dont il est perçu par les autres, son propre bien-être… L'amour. Seulement l'amour.

Pour mieux entrer dans la singularité de son chant, lisons le plus connu de ses poèmes. Nous le connaissons grâce au critique antique Longin (213-273) qui en transcrivit les quatre premières strophes et une ligne supplémentaire qui semble appartenir à une cinquième strophe manquante :

Il m'apparaît égal aux dieux,
cet homme, qui face à toi
s'asseoit et, tout près, à ta voix délicieuse
prête l'oreille,

et à ton rire adorable ; oui vraiment, cela
m'a mis le cœur, dans la poitrine, hors de soi,
car, que je regarde un instant, ma voix ne peut plus
en rien s'exhaler,

mais ma langue est brisée et, léger,
aussitôt sous la peau un feu a couru,
de mes yeux je ne vois rien, tambourinent
les oreilles,

une sueur m'inonde, un tremblement
me prend toute, plus verte que l'herbe
je suis, et à peu de mourir, défaillante,
je m'apparais.

Mais il faut tout oser, car même un pauvre[1]

Le risque d'un mouvement d'âme

Comme nous le voyons dans ce texte, Sappho ne s'occupe nullement de la psychologie ou de l'histoire des personnages, mais elle montre avec précision les signes de l'amour tels que chacun des trois protagonistes du

1. Fragment 31, traduction inédite de Jean-Paul Savignac.

poème peut les vivre. C'est très étonnant car, à la différence de tout ce que nous avons fini par croire, l'amour pour Sappho n'est pas un sentiment. Il est un phénomène qui secoue l'être tout entier. Sappho est traversée d'un mouvement d'âme qui dépasse le champ psychologique de l'émotivité. Avec précision et audace elle décrit les manifestations physiques du désir. On trouve bien chez Homère la description de certains états émotionnels, mais ces manifestations touchent davantage la peur, la tristesse ou la colère – jamais le désir, ce « juste feu d'Éros ».

Animée d'une telle perspective, Sappho ne compose pas de complaintes du type : « Pourquoi ne m'aimes-tu pas ? » mais pose une question plus décisive : « À quoi nous appelle l'amour ? À quelle métamorphose ou plus exactement à quel risque – comme en témoigne le terme "oser" du dernier vers – nous invite-t-il ? » La douleur y est pure, sans donner lieu à une plainte narcissique. Elle est présentée comme l'une des faces de l'amour, qu'il faut apprendre à laisser être. Sans rien y ajouter. L'amour invite à nous abandonner à lui pour qu'il puisse irradier de son plein éclat. Apparaît alors l'inouï de sa vision : aimer, c'est se mettre en retrait pour que l'amour se donne pleinement, joie et douleur inséparablement liées[1].

1. Cf. Anne Carson, *Decreation, How Women Like Sappho, Marguerite Porete and Simone Weil Tell God,* Duke University Press, 2002.

Être éperdue d'amour

L'amour qu'évoque Sappho est éperdu. Elle ne cherche pas l'apaisement. À l'autre extrême de l'histoire de l'Occident, Marina Zvétaieva écrit : « Une tension démesurée, littéralement : JE ME RUE vers vous ! Me rue tant et plus que, vous apercevant, je ne me réjouis pas d'emblée, quelque chose se brise, je tombe en vous, et ne reconnais d'abord rien, ne retrouve rien, une sorte de cécité (le Chaos !), puis peu à peu l'ouverture des yeux (les étoiles !) – et déjà il faut se séparer[1]. »

La grâce de Sappho consiste à ne rien changer à l'épreuve de l'amour mais à la préserver. Ce qui brûle et qui lui est insupportable, ce n'est pas de donner sans recevoir, mais c'est de ne pas pouvoir tout donner, d'interrompre le mouvement qui la traverse. Elle ne réagit pas à cette force qui la soulève. Elle ne la commente pas. Elle ne la travestit pas.

Elle la chante.

La poésie est, pour Sappho, la manière de nommer l'amour, de l'appeler à nous faire entrer dans la grande joie, à venir nous ébranler. Sappho laisse ainsi l'intensité du désir ouvert, sans qu'il y ait pour autant de saisie, de projection ou de crispation. Juste qu'il soit, cela suffit. Chanter pour mieux laisser être le désir. Pour mieux laisser l'amour à son œuvre. La blessure d'amour. La beauté de l'amour. René Char, qui a tant médité les penseurs et

---

1. Marina Tsvetaeva, *Lettres de la montagne* et *Lettres de la fin*, Clémence Hiver, 2005, p. 76.

poètes grecs, écrit dans le même courant du fleuve, avec une parfaite justesse : « Le poème est l'amour réalisé du désir demeuré désir[1]. »

Telle est la nécessité de la poésie. Son extrême importance. À la différence de tout discours, elle garde le désir comme désir : elle ne l'explique pas, elle ne lui porte pas atteinte. De plus, elle sait que le désir ne vise à aucune possession, ne vise pas à être accompli – sa pureté réside dans le mouvement qu'il accomplit et fait accomplir.

Le lyrisme

Pour cette raison, la poésie est d'abord, pour Sappho, souci du rythme et du mot – et non du sens. Elle n'écrit pas pour distraire, instruire ou remplir une mission. Elle chante, c'est-à-dire elle aime. Les deux verbes, chez elle, se répondent. Disent le même. Cela donne à ses poèmes une qualité unique que l'on a nommée « lyrique » – terme qui renvoie au fait d'être accompagné d'un instrument de musique et de penser l'art poétique comme étant inséparable de celui des sons.

La poésie de Sappho est, pour cette raison, aux antipodes du romantisme. Elle n'aspire pas à s'abandonner à la mélancolie du passage du temps, à un épanchement cosmique ou à un sentimentalisme vaguement narcissique. Elle ne cherche pas non plus une transcendance mystérieuse. Elle est tout entière présente dans le chant de la tendresse la plus ample et la plus haute qui fait,

1. René Char, *Partage formel, Œuvres complètes*, Gallimard, « Bibliothèque de la Pléiade », 1984.

disait Rainer Maria Rilke, l'« ouïe spacieuse » et édifie des « temples dans l'oreille ».

L'amour est lyrique, il nous invite au chant... à la pure célébration de l'espace ouvert des vivants.

*

Trois vues fausses à surmonter

Lorsque j'ai évoqué pour la première fois la figure de Sappho et son chant d'amour, j'ai été frappé par nombre de réactions très violentes que mes propos suscitaient : « Comment quelqu'un qui enseigne la méditation peut nous présenter un personnage aussi confus, une "lesbienne" que le désir démange ! Ce n'est pas une figure spirituelle ! »

Ces remarques m'ont aidé à mieux prendre la mesure de la façon dont lire Sappho remet en question nos évidences. Pour la comprendre, il faut en effet mettre à mal au moins trois grands piliers de notre réflexion commune sur l'amour.

L'amour véritable n'est pas la rencontre de deux sujets isolés

Le plus dérangeant est que l'amour chez Sappho est éprouvé indépendamment de toute subjectivité. Autrement dit, comprendre l'amour comme un sentiment qui naît en moi et se dirige vers un autre être – *objet* de *mon* amour – n'a aucun sens pour elle. Et si elle avait raison ?

Si nous nous étions égarés en croyant que l'amour est la rencontre de deux sujets ?

C'est bien tardivement et uniquement en Occident que l'homme se pense non comme l'être qui se tient debout et établit un rapport unique à la terre et au ciel (comme en Orient), ni non plus comme un être vivant doué de parole (comme chez Platon) ou une âme créée par Dieu à Son image (comme dans les religions révélées), mais comme un sujet défini par sa conscience. Bref, pour nous, nous sommes ce que nous sommes conscients.

Que tout ce qui est le soit à partir de la conscience que j'ai de lui, voilà qui aurait été inaudible à Sappho. Voilà qui n'est nullement une expérience universelle.

Pourquoi est-ce important ? Parce que l'amour, pensé à partir de la subjectivité, est une crispation malheureuse qui nous conduit par exemple à nous demander : « Comment faire de celui que j'aime un autre véritable et non pas une image du même ? », « Autrui est-il, dans l'amour, distinct de moi ou un autre moi-même ? » Ces questions sont malheureuses parce qu'elles nous poussent à penser l'amour comme attachement ou désir de fusion de deux êtres irrémédiablement séparés et isolés en leur conscience. Le bien-aimé devient quelqu'un dont j'attends du plaisir, voire du bonheur. L'amour ainsi compris du point de vue d'un sujet clos sur lui-même ne peut qu'être vécu comme une force aveugle qui, tel l'inconscient, agit sur moi à mon insu et m'aliène à moi-même.

Pour Sappho, il n'y a aucun problème à rencontrer l'aimé. Pour elle, il n'y a pas d'*autre* car il n'y a pas de *moi-même* ! L'individu n'est nullement isolé et il n'a pas, après s'être réveillé de son isolement, à chercher un autre qui lui ferait face. Sappho est d'emblée ouverte aux jeunes femmes qu'elle rencontre. L'amour est là, premier. Elle ignore cette abstraction que la philosophie moderne nomme étrangement « autrui ». Elle connaît l'aimée, celle que l'on chérit et à laquelle on peut donner des doux noms.

La pensée occidentale de Descartes à Lacan est prisonnière de son questionnement sur « autrui », sur l'altérité qu'elle a tant de mal à établir parce qu'elle tente de le faire sur la base de « l'immanence radicale de l'ego » – sans jamais se rendre compte que son point de départ étant erroné, ses explications sont oiseuses. Et sa manière d'expliquer que le sujet est marqué par l'inconscient ne fait qu'emberlificoter le problème.

Car c'est tout simple : l'être humain est ouvert de façon primordiale et l'amour n'est donc pas une affection de sa conscience, mais la dimension même où il est pleinement humain.

Le jour où j'ai réussi à comprendre combien j'étais manipulé par ces conceptions philosophiques dont je n'étais pas même conscient, qui œuvraient en moi à mon insu, et que l'amour est assurément plus ouvert, bienveillant et possible que l'on m'avait fait croire, j'ai touché à une joie immense qui ne m'a jamais plus quitté.

Pour Sappho, quelque chose vient simplement à être qu'il faut accompagner et même soutenir – peu importe que ce soit en elle ou hors d'elle, un sentiment intime ou la venue en présence d'un dieu, le visage de l'aimée ou l'ébranlement de son être. L'amour n'est pas centré sur le moi, sur l'effet qu'il me fait, mais c'est lui qui est le soleil à partir duquel tout se meut. Lorsque Sappho parle de l'aimée, c'est pour la mieux voir, pour la rendre plus visible.

L'aimée, telle qu'elle se manifeste, est le visage de la beauté même. La question n'est absolument pas pour Sappho de capter ce qu'*elle* ressent par rapport à cette beauté, mais bien plutôt de *la* laisser être pleinement. De se retirer même, pour que la beauté soit ! Elle est non le sujet, mais l'occasion permettant à l'aimée de rayonner en son être.

Le primat spécifique accordé au sujet dans la philosophie moderne est un barrage qui détourne l'amour de sa vérité la plus haute.

Il n'y a pas d'homosexualité en Grèce

Si Sappho aime les femmes, il faut réussir à ne pas y projeter deux mille ans de rejet de l'homosexualité. Il importe même de ne pas lire l'amour de Sappho à partir de toutes nos représentations de l'homosexualité. C'est difficile car une longue histoire nous conditionne.

Car si la « pure Sappho aux boucles de violette et au doux sourire », telle que le poète Alcée la décrivait, fut hautement célébrée durant l'Antiquité, tout changea à l'ère chrétienne. Elle fut alors considérée comme immorale, abjecte, monstrueuse, parce qu'il devint insupportable qu'une femme aime une autre femme et ose parler d'amour à ce propos. Les soldats et les moines, du Ve au Xe siècle, ont brûlé son œuvre dans des autodafés. Ses poèmes, sauvegardés pendant plus de mille ans, furent détruits – il n'en reste quasiment rien, moins de trois cents fragments, une dizaine de pages retrouvées sous forme de citations plus ou moins complètes dans les ouvrages d'autres auteurs.

Ce rejet de l'homosexualité est l'un des axes de l'Occident. George Sand, de façon tout à fait représentative de la pensée occidentale classique, écrit : « Dès ma jeunesse, je m'enthousiasmais pour ces grands exemples de l'Antiquité (Achille et Patrocle), où je n'entendais pas malice. Il me fallut ensuite apprendre qu'ils étaient accompagnés de cette déviation insensée, maladive. Cela me causa une sorte de frayeur, comme tout ce qui porte le caractère de l'égarement et de la dépravation. J'avais vu des héros si purs, et il me fallait les concevoir si dépravés et sauvages. Aussi fus-je saisie de dégoût jusqu'à la tristesse quant à l'âge où l'on peut tout lire, je compris l'histoire d'Achille et de Patrocle. »

Cette conception, qui s'est imposée, est très éloignée de l'amplitude que la pensée grecque accordait à l'amour. La relation entre Achille et Patrocle a été pensée pendant des siècles avant George Sand, et de façon tout à fait unanime, comme l'exemple de l'amitié parfaite.

La notion d'homosexualité est une façon bien trop étroite et fausse de comprendre l'amour tel que peut le vivre Sappho. Au sein de l'amitié, la question de la sexualité est un possible ouvert, mais n'a rien de décisif quant à ce qui se joue dans la vérité de cette relation. La distinction amant/ami n'est pas déterminante dans le monde grec alors qu'elle l'est assurément pour nous. Qu'il y ait au sein d'une relation d'amitié la survenue d'Éros, voire un acte d'amour sexuel, ne constitue donc nullement en Grèce le franchissement d'une limite ou la rupture d'un tabou.

Il faut se risquer à dire que l'homosexualité – telle que nous la pensons – n'existe pas chez les Grecs. L'amitié y est le partage de ce qui est mis en commun, joint à l'aspiration héroïque de porter l'ami(e) à l'excellence de son être. Que ce soit entre deux femmes ou deux hommes n'y change rien.

Abandonnons la notion de libido

Troisième remise en question : et si notre conception de la sexualité comme appartenant exclusivement au domaine naturaliste, voire biologique de la procréation, était aussi fausse que bête ? Pour un Grec, la dimension d'accomplissement de l'être humain ne se situe pas dans l'horizon de la nature mais dans celui de la liberté. L'affirmation d'un amour qui devrait être « naturel » est, dans cette perspective, une insulte à l'humanité de l'être humain. Il n'est nullement besoin d'amour pour procréer ! Or l'amour est la dimension la plus belle dans laquelle peut vivre un être humain.

La conception de la sexualité comme libido, c'est-à-dire comme besoin sexuel, nous fait perdre toute possibilité de comprendre ce qu'elle est. Les Grecs peuvent nous aider. La sexualité est pour eux une modalité d'être ensemble, nullement une force pulsionnelle entrant en conflit avec les conventions et le comportement civilisés. Est-ce vraiment une approche fausse ? Primitive ? La statuaire grecque permet aisément de comprendre leur conception de la beauté des sexes. Le sexe de l'homme et celui de la femme n'y sont jamais cachés, sans que cela relève pour autant de l'exhibitionnisme. L'écart, pour ne pas dire la béance, qui sépare le monde de Sappho du nôtre se mesure aisément si l'on fait cet exercice : comparez une femme nue sur un vase grec et une femme nue dans un magazine. Laquelle est la plus proche de la femme telle que celui ou celle qui l'aime peut la voir ?

Ce n'est pas Sappho qui est animée de « démangeaisons libidinales », mais notre conscience moderne. Sappho répond à l'appel de la vie la plus pure. Elle fut pour cela considérée comme une des prêtresses d'Aphrodite. Elle est éperdue d'amour et son souci n'est pas d'éteindre la brûlure par la consommation sexuelle, mais de se tenir dans cette flamboyante ouverture du désir même.

Si nous écoutons Sappho, nous devons cesser de considérer que le désir du corps est inférieur et doit être dépassé par la connaissance. Il a sa propre innocence. L'amour ne peut rayonner que lorsque cette innocence est découverte et célébrée.

7.

Célébrer les divers visages de l'amour

L'amour a tant de visages et il est tant de chemins pour le vivre. Il peut s'accomplir parfaitement aussi bien dans la sexualité, l'amitié, l'amour passionné que dans la tendresse conjugale. Cessons les classifications. De plus, chacune des grandes conceptions occidentales de l'amour – éros, philia et agapè *– a sa vérité. Toutes les hiérarchies que l'on tente d'établir entre elles sont illégitimes.*

Pour nous les choses sont claires : le désir est une tension, d'ordre corporel, une sorte de pulsion issue d'un sentiment de manque.

Sappho serait bien surprise de telles idées. Pour elle, le désir est la venue en présence du dieu Éros[1]. Elle ne vit pas le désir sous le visage du manque mais comme le fait d'être touché par le divin. La différence est abyssale ! Sa description de l'amour n'est pas religieuse, ni même

1. Quand je parle de l'amour comme *éros*, je l'écris en italique et minuscule ; Éros évoque le dieu grec.

étrange. Elle renvoie à une expérience que nous allons essayer à présent de comprendre en la confrontant aux divers visages de l'amour.

*

En finir avec le bricolage

Autant le dire tout de suite, nous avançons sur des sables mouvants.

Trop d'auteurs ont pris l'habitude de hiérarchiser les divers visages de l'amour. Au plus bas degré de l'échelle se trouverait *éros* (qui a donné « érotique ») identifié on ne sait pourquoi à l'amour charnel, puis *philia* (qui a donné notre mot « philanthropie »), l'amitié, puis au sommet *agapè* (que l'on retrouve dans le terme d'« agapes » – repas entre convives unis par un sentiment de fraternité), l'amour spirituel devenu avec le christianisme la « charité ».

Si cette classification a l'air claire, elle ne l'est pas en réalité.

Cette présentation conduit à une confusion inextricable qui explique, pour une grande part, la cécité de notre temps à l'amour.

Tout d'abord, rien n'autorise à traduire *éros* par « amour charnel » ni *philia* par « amitié ». Adopter ces traductions empêche de comprendre l'expérience à laquelle renvoient ces termes et ramène l'inconnu qu'il nous faut comprendre au déjà connu (qui, parce qu'il est déjà connu, ne l'est pas réellement). C'est comme si l'on disait à propos des anciens Indiens d'Amérique que, parce qu'ils portent des plumes sur la tête, ce sont des danseurs de french-cancan ! L'honnêteté implique de comprendre la raison d'être de ces plumes à partir du monde amérindien et non du nôtre. De même, nous devons comprendre *éros* et *philia* à partir du monde grec où ces termes ont pris leur sens et non à partir de leur acception moderne.

Le classement hiérarchique d'*éros*, *philia* et *agapè* repose sur le présupposé que le christianisme est l'accomplissement de l'histoire de l'humanité et la charité (*agapè*) qu'il déploie le sommet de l'amour. Cette perspective est inacceptable. *Éros* et *philia* sont des visages parfaits de l'amour, et non des étapes à surmonter.

Les Grecs ne sont pas des hommes auxquels le christianisme a manqué pour être pleinement humains. L'éclosion amoureuse du désir dont parle Sappho, la joie de l'amitié, le partage nuptial, l'engagement spirituel ont chacun leur perfection. Essayons de les comprendre, chacun dans leur vérité propre.

Penser l'amour à partir de concepts, fussent-ils savants, voilà qui ne peut que nous égarer. *Éros*, *philia* et *agapè* ne sont pas des notions abstraites avec lesquelles on peut jongler mentalement à volonté. Ils évoquent des expériences qu'il nous faut réussir à appréhender dans leur perfection native. Impossible de se contenter de comprendre *éros* comme l'on peut comprendre la théorie ondulatoire de la lumière. Nous sommes concernés par l'amour au plus décisif de notre être. Et je n'aurai réussi ce chapitre que si vous pouvez à votre tour faire l'épreuve de l'amour dans la modalité de l'*éros*, dans celle de la *philia* et dans celle de l'*agapè*.

La première fois que je me suis profondément plongé dans l'étude de ces termes, c'était il y a plus de dix ans, alors que j'étais au milieu d'une intense tourmente amoureuse. Cherchant à mieux comprendre ce qu'il m'arrivait, j'ai interrogé à plusieurs reprises François Fédier dont je suivais les cours de philosophie. Il m'a aidé à mieux considérer la différence entre *éros* et *philia* et, peu à peu, ce que j'en vivais s'est transformé. J'en ai été le premier étonné : l'effort pour mieux comprendre ce qu'est l'amour changeait ma manière de l'éprouver. Au contraire de tout ce que j'avais cru jusqu'alors, je découvrais que c'est seulement en comprenant ce qu'est l'amour que nous pouvons le connaître et le vivre en vérité.

*

Le désir et le dieu Éros

Le désir qui saisit Sappho est, nous dit-elle, *divin*. Elle le décrit donc sans ressentir aucune culpabilité ou gêne. Penser, comme nous le faisons, un tel désir comme étant charnel est une approche si limitée qu'elle ne peut que nous rendre malheureux.

Sappho vit cette expérience comme la venue en présence d'Éros. Si nous voulons comprendre qui est ce dieu, oublions ce que nous en ont dit a posteriori le christianisme ou la psychanalyse. Sappho l'évoque avec une étonnante simplicité : « Éros a ébranlé mon âme, comme le vent dans la montagne quand il s'abat sur les chênes. » Ce que nous aurions tendance à décrire comme une expérience subjective, un mouvement intérieur, est pour un Grec éprouvé comme un phénomène qu'il faudrait plutôt qualifier d'« objectif ». Les Grecs ne parlent pas de l'amour en termes de sentiments personnels mais décrivent comment il se manifeste et se donne à vivre.

Dante est l'héritier de cette approche lorsqu'il évoque, dans son livre *Vita nova*, la manière dont un simple « bonjour » de Béatrice le foudroya : « Il advint que cette merveilleuse Dame m'apparut vêtue d'un blanc éclatant, entre deux gentilles dames qui étaient d'âge plus avancé ; et, passant par une rue, elle tourna ses regards vers l'endroit où j'étais tout apeuré, et poussé par son ineffable courtoisie [...] elle me donna son salut, riche de tant de pouvoir qu'il me sembla alors connaître les extrêmes limites de la béatitude[1]. »

On reconnaît Éros à l'ébranlement à nul autre comparable que sa venue suscite. L'expérience de Dante, qui ne l'a pas faite ? Comme une chanson populaire de Marc Lavoine le dit : « Elle a les yeux revolver/ elle a le regard qui tue/ elle a tiré la première/ elle m'a touché c'est foutu... » Ou encore comme l'écrivit le philosophe Martin Heidegger lorsque, jeune professeur, il rencontra Hannah Arendt : « Le démonique m'a atteint de plein fouet, jamais rien de tel ne m'est arrivé. » Comment mieux dire l'épreuve d'être amoureux ? La caractéristique d'Éros est de vous troubler et de vous ouvrir le cœur d'une manière qui ne vous laisse plus aucun repos.

---

1. Dante, *Vie nouvelle*, Gallimard, 1999, p. 45.

Un tel désir n'est pas hormonal ou pulsionnel. Étant l'apparition d'un dieu, il est d'une parfaite innocence, ne laissant place à aucune culpabilité, à aucun attachement ou inquiétude. Une fulgurance vous secoue au plus profond de votre être : la puissance de la divinité vous frappe et vous n'y pouvez rien. Votre seul choix est soit de dire oui à ce qui se manifeste de la manière la plus gracieuse et noble que vous puissiez, soit de le refuser (c'est alors à vos risques et périls), soit pire encore de le manipuler – et ici est la perversion.

Nous avons pris hélas l'habitude de considérer le phénomène d'une manière toute différente. Quand nous sommes saisis par l'amour, nous en tirons aussitôt la conclusion : « Je ne m'appartiens plus, mon corps et mes instincts me commandent, et non plus, ma raison. » Nous ne voyons rien de divin dans cette expérience que nous rabaissons à une simple modalité pulsionnelle. En conséquence, nous la vivons comme une forme de possession. Certes, elle n'est plus nécessairement aujourd'hui vécue comme étant l'œuvre du serpent ou du Satan de la Bible, mais la perspective freudienne si dominante aujourd'hui l'appréhende tout de même comme un jeu de pulsions inconscientes. Freud n'hésite pas à considérer que « ce sont les traits déviants de la norme qui constituent l'essentiel de l'état amoureux[1] », rabattant ainsi l'*éros* sur le pathologique.

1. Sigmund Freud, *Technique psychanalytique*, PUF, 1999. Michel Cazenave souligne l'étrange acte manqué qui a conduit le traducteur à oublier la phrase en question, cf. Michel Cazenave, *Histoire de la passion amoureuse*, Oxus, 2005, p. 271.

Platon et l'énigme de notre cœur

Pour comprendre l'*énigme de notre cœur*, notre manière de vivre l'amour, il nous faut remonter à Platon. L'effort en vaut la peine, car même ceux qui n'ont jamais lu une ligne de Platon sont marqués par sa pensée – tout aussi bien dans l'usage du mot *éros*, de celui d'« érotisme » ou d'« érotique » que dans l'idée de l'« amour platonique[1] ». Aucun Occidental n'aimerait de la même manière si Platon n'avait pas existé !

Mais Platon, malgré la profondeur de son effort pour comprendre la grandeur du dieu, est très en deçà de l'expérience de Sappho et se montre responsable pour une part de notre difficulté à la lire. Ce qui explique pourquoi j'ai essayé d'abord de remonter jusqu'à Sappho, pour réussir à comprendre le sens le plus juste et le plus haut d'Éros. Son sens originel.

Éros, nous explique Platon dans le *Banquet*[2], est le fils de Poros (l'abondance, l'ample ressource) et de Pénia (le manque, la pauvreté). Comme fils de Pénia, il est « toujours pauvre, et, loin d'être beau et délicat, comme on le pense généralement, il est maigre, malpropre, sans chaussures, sans domicile, sans autre lit que la terre, sans

1. Le philosophe Emmanuel Martineau note en ce sens : « Toute l'érotique occidentale, en tant qu'"érotisme" et oubli de l'*éros* grec, est aussi marquée par la fondation platonicienne » (cf. Emmanuel Martineau, « Dépassement du philocalique ? », in *La Provenance des espèces*, PUF, « Épiméthée », 1982, p. 79-82).

2. Marie-Claire Galpérine, *Lecture du Banquet de Platon*, Verdier, 1996.

couverture, couchant à la belle étoile auprès des portes et dans les rues ». Comme fils de Poros, il « est toujours à la piste de ce qui est beau et bon ; il est mâle, hardi, persévérant, chasseur habile, toujours machinant quelque artifice, désireux de savoir et apprenant avec facilité, philosophant sans cesse, enchanteur, magicien, sophiste ».

Au cœur de l'amour, il y a donc une tension qui nous pousse toujours plus avant. Comme fils de Pénia, l'amour est un manque profond et incessant. Comme fils de Poros, il sait néanmoins où est la beauté la plus parfaite et nous guide sûrement. En ce sens, l'amour est intelligence[1].

L'amour ainsi conçu nous invite à nous élever et Platon en dessine une véritable pédagogie. Il propose de commencer par regarder la beauté d'un corps magnifique. Mais il importe de ne pas s'arrêter là et de chercher à contempler la beauté en tant que telle – qui fait qu'un

1. Rainer Maria Rilke évoque sa lecture du *Banquet* à une amie : « Je voyais Éros tel que Socrate l'évoque, dur, défait, toujours plus ou moins hors d'haleine, insomnieux, inquiet jour et nuit des deux êtres entre lesquels il ne se lasse pas de faire la navette, sans cesse par l'un ou par l'autre appelé : oui, c'était bien Éros. Comme ils le méconnaissaient, en vérité, ceux qui le croyaient beau, et sa vie facile. Hélas ! maigre, hâlé, souillé de la poussière du chemin, jamais il n'avait un instant de répit entre les deux (car je le dis : quand n'y aurait-il plus aucune distance entre eux ?), à peine arrivé, il vantait avec ardeur la beauté de l'autre, invitant, incitant ainsi chaque cœur à embellir. Il y a sûrement dans ce livre beaucoup de choses que nous ne comprenons pas encore ; elles l'ont été un jour, qui les a désapprises ? À quoi passions-nous les siècles ? Qui parmi nous aurait le droit de parler de l'*amour* ? » (*Correspondance, Œuvres III*, Seuil, 1976, p. 288).

être est beau. À travers le corps de celui ou de celle dont je suis épris, Platon m'invite donc à voir le beau en lui-même. Voilà l'élévation ! Elle signe l'entrée dans la vie philosophique.

Que nous la partagions ou non, pour le meilleur comme pour le pire, cette pensée a donné un cadre à la manière dont l'amour a été pensé en Occident. C'est de là que vient cette notion d'« amour platonique » conçu comme un amour idéalisé qui ne se concrétise pas charnellement.

Le dialogue de Platon se poursuit. L'étrangère et prophétesse Diotime interroge Socrate : « Quelle est l'œuvre de l'amour ? » lui demande-t-elle. Devant son silence, elle lui révèle qu'il s'agit de l'*enfantement dans la beauté*, selon le corps et selon l'âme. L'amour fait être ce qui auparavant n'était pas. L'un des coups de génie de Platon, quoi qu'on pense de sa vision, est de penser l'amour « érotique » comme « fécondité dans le beau » : « Une fécondité, vois-tu, Socrate, existe chez tous les hommes, fécondité selon le corps, fécondité selon l'âme, et, quand l'âge est venu, notre nature est impatiente d'engendrer. Or, il lui est impossible d'engendrer dans la laideur. »

L'amour a donc partie liée avec la beauté d'une manière indissoluble – conception singulière que l'on ne retrouve pas, par exemple, dans la pensée de l'*agapè*. Pour Platon, là où la beauté rayonne, l'amour se déploie. Elle n'est en rien une question d'esthétique, mais uniquement d'amour. La conséquence philosophique est décisive : l'être se trouve non pas dans l'ordre de la pensée mais comme cette disposition dans la beauté. Autrement dit, Platon institue la philosophie comme tension érotique, comme amour fou, et non comme une activité intellectuelle. Et ce d'autant plus que la beauté ne se donne jamais simplement comme objet mais engage tout notre être à nous comporter face à elle et même en elle. La philosophie selon Platon n'est donc nullement une délibération intellectuelle, la construction d'un système, ni une forme convenue de sagesse, mais une formidable tension amoureuse.

Cette intranquillité de l'*éros* qui pousse en avant explique sa magnifique prodigalité qui lui fait jouer un rôle crucial dans la vie de nombreux penseurs, artistes et enseignants. Le flux vivant d'*éros* les aide à entrer dans l'inconnu pour que naisse le meilleur.

C'est aussi pour cette raison que l'amour a une dimension héroïque. C'est lui qui fait les chevaliers, que nous décrit par exemple Chrétien de Troyes. Car sans amour, le poids du confort, des habitudes et de la prudence ne peut qu'émousser le goût de l'aventure et éteindre l'appel à la grandeur.

Le merveilleux règne d'Aphrodite

Comme je l'ai dit, pour comprendre pleinement *éros*, il faut remonter au-delà de Platon. Avant lui, Éros n'est jamais présenté comme le fils de Pénia mais comme étant lié à Aphrodite. Sa naissance coïncide avec celle de la déesse dont il est le premier admirateur ou parfois, selon les sources, le fils. C'est elle qui lui donne sa vocation. Être fils de la pauvreté ou le fils de la plus belle des déesses, cela fait une différence !

Pourquoi est-elle si décisive ?

Parce que *éros* n'est plus alors l'expérience d'un manque, d'une privation, mais l'aiguillon de l'amour. Il ne conduit pas à une élévation désincarnée mais à une métamorphose dans l'amour.

Cette différence s'entend en français lorsqu'on dit de quelqu'un qu'il nous « manque ». Nous pouvons soit signifier que nous voulons le posséder, soit que sa présence est souhaitée de tout cœur. Dans le premier cas, « Tu me manques » exprime une privation que je cherche à combler ; dans l'autre cas, il est un appel de tout notre être – qui ne demande rien. La différence est abyssale.

En ce second sens, nous touchons à l'*éros*, lié à Aphrodite, que nous décrit Sappho. Aphrodite est « la beauté même, la grâce purement féminine, baignée du scintillement humide de la jouissance, éternellement nouvelle, légère et heureuse, telle que la mer infinie l'a mise au monde[1] ». L'amour, son fils, n'est pas alors une poussée qui me conduit à chercher à saisir l'aimé(e), « c'est l'enchantement du regard dont la toute-puissance entraîne dans les délices de la fusion[2] ». Cette fusion entrevue est une promesse de bonheur. Aphrodite et

---

1. Walter F. Otto, *Les Dieux de la Grèce*, Payot, 1993, p. 118. Notons que Walter Otto est l'un des seuls penseurs à rendre raison de l'expérience grecque du divin, en la considérant à partir d'elle-même, non comme un état inaccompli mais comme un sommet de notre civilisation occidentale. Il dénonce en ce sens la lecture qui en fait un paganisme et montre qu'au contraire, si elle s'oppose au christianisme, c'est que le monde hellénique ne connaît ni Créateur, ni dogmes, ni Église, ni notion de péché, de chute et de salut.

2. *Ibid.*, p. 123.

Éros jouent, en ce sens, le rôle de puissances unifiantes, nous invitant à cet accord où l'on cesse de se sentir douloureusement isolé. Accord qui ne consiste pas à ce que les deux amants se fondent l'un dans l'autre, mais engage au contraire à ce que chacun devienne vraiment soi. Là gît la merveille d'une unité, où les deux amants, restant eux-mêmes, deviennent pourtant entièrement un.

Quand cette ample présence du dieu s'obscurcit, le désir est alors compris – Platon en témoigne – comme un manque. Puis, plus tard, quand Éros est devenu une simple évocation, une fable, le désir n'est plus alors que saisie d'un objet que l'on veut posséder. Enfin, Éros étant tout à fait absent, l'amour devient une pulsion qu'il nous faut décharger pour nous en débarrasser.

N'est-ce pas triste ?

Le désir ne peut pas être ainsi privé de ses ailes. Nous devons retrouver ce désir aimant dont témoigne Sappho. Il suffit de se souvenir qu'à soi tout seul, on ne peut se suffire. *Le désir est la reconnaissance du besoin de l'autre pour que la vie s'épanouisse.*

L'amour ainsi éprouvé devient une ouverture à la vie qui nous traverse, faisant de notre incomplétude non une source de douleur, mais un espace de métamorphose et d'éveil. Car le propre d'*éros* est cette tension qui révèle que quelque chose me fait défaut pour être et me pousse ainsi plus loin. Quand l'amour sous ce visage survient, tout est rendu plus vif, l'air, les sons, chaque expérience est comme éclairée de l'intérieur. Je suis appelé à me dépasser. À sortir de moi. À aller vers le rivage.

Éros, sexe et rien

La sexualité trouve évidemment sa mesure dans ce désir ardent, mais elle n'est pas pour autant le cœur de l'amour « érotique ». Elle est une modalité extraordinaire de cette tension propre à *éros*, mais elle n'est pas la seule. On n'a pas attendu Freud pour savoir que l'*éros* pouvait se vivre sous de multiples visages. Néanmoins, entendue à partir de l'*éros*, la sexualité prend un sens ample et réel. Elle devient un espace *concret* de réalisation de l'amour, un acte aussi exigeant qu'effrayant.

La sexualité fait peur. C'est pour cette raison qu'on en fait une pulsion grossière, bestiale et charnelle. Nous cherchons à fuir l'épreuve qui s'ouvre en elle pour chacun de nous. La manière grossière, technique, et au fond pitoyable, dont les journaux évoquent le plus souvent la sexualité est une façon de cacher sa puissance et de l'émousser. On montre des corps, on évoque le désir comme excitation, pour simplement mieux le domestiquer. L'érotisme au sens courant est le signe de notre terreur devant la sexualité, non sa célébration ! Nous prenons tout de travers. Loin d'avoir à être sublimée, la sexualité, en sa dimension première, est pure de toute faute, innocente et magnifique. C'est l'effort pour la rendre aussi inoffensive que plaisante qui la défigure et la rend bestiale.

J'insiste : n'essayons pas de spiritualiser la sexualité comme si elle était un instinct animal qu'il faudrait rendre plus digne ! Non, la sexualité est, en elle-même, une dimension parfaite de l'amour.

Mais quelle est donc cette vérité de la sexualité qui nous fait peur au point de nous conduire à la défigurer ? *Elle met l'homme face à l'immensité la plus insondable.*

Jacques de Bourbon Busset, évoquant son amour pour sa femme Laurence, souligne que les vraies conversations à cœur ouvert ne sont sans doute pas possibles sans union des corps : « Je crois, dit-il, qu'il faut avoir abandonné toutes ses défenses, s'être livré physiquement tel quel pour s'exposer entièrement au jugement de l'autre. L'orgueil intellectuel est plus fort que la pudeur, il ne cède qu'au tout dernier instant[1]. » Dans l'amour sexuel, l'abandon est possible car nous y faisons l'expérience d'un dessaisissement complet.

Faire l'amour est une des rares situations qui implique l'être tout entier. S'y trouvent mêlés un vrai abandon, un réel événement.

Or cela fait peur et l'homme cherche à fuir cette *vérité sexuelle* dans ce qu'il nomme « sexualité ». Il n'en parle plus dès lors que pour s'en détourner.

Ainsi le souci de la contrôler en est l'oubli. Certes, puisque pour l'être humain tout s'apprend, la sexualité aussi peut s'apprendre et devenir l'espace d'un savoir-faire réel. Mais l'important n'est pas de savoir s'y prendre, mais de renoncer à vouloir tout contrôler. D'accepter de s'y abandonner. De laisser l'intensité sexuelle nous pousser en avant, nous dessaisir de nous-mêmes.

Il existe une autre stratégie de fuite : présenter la sexualité comme une fusion mystique. Ce discours est

1. Jacques de Bourbon Busset, *Lettre à Laurence*, Gallimard, « Folio », 1987, p. 34.

une autre forme de recherche de contrôle, plus sophistiquée que celle des techniques de *kama sutra* à la portée de tous. Mais il évite l'essentiel. La vérité de la sexualité n'est pas l'atteinte d'un état idyllique, mais une façon authentique de se mettre à nu et de toucher ainsi son cœur – qui n'a plus aucune possibilité de tricher, de se cacher ou de se détourner. C'est une épreuve.

Il n'y a pas d'autre choix que de soutenir cette immensité si l'on veut en faire l'occasion d'une réalisation profonde. La sexualité permet à l'amour de s'incorporer au sens le plus fort du terme – elle nous donne corps, nous permet de toucher à la réalité de l'amour d'une manière tangible. L'amour sans la sexualité risque d'être éthéré, de garder une dimension d'abstraction un peu vague.

Martin Heidegger est l'un des rares philosophes à l'évoquer. Dans une lettre à Hannah Arendt, il confie : « Rien ne s'interposait entre toi et moi. Être tout simplement l'un à l'autre, sans inquiétude ni aspiration, sans questions ni scrupules, de manière si déliée que j'aurais exulté si la vénération d'un tel instant ne m'avait rendu à plus de béatitude[1]. » Il montre combien l'élévation propre à la sexualité n'est pas une réussite du moi, mais un déploiement spontané qui nous est donné pour autant que nous ayons su nous en rendre dignes.

La condamnation de la sexualité, qui marque pour une part l'œuvre de Platon et avec lui tout l'Occident, provient de l'analyse selon laquelle elle détournerait de la

1. Martin Heidegger, Hannah Arendt, *Lettres et autres documents, 1925-1975*, Gallimard, 2001, p. 39.

transcendance que pourtant elle vise. La *tension désirante* se perdrait dans la sexualité au lieu d'atteindre la *beauté idéale*. Renoncer à la sexualité, ou la tenir sous contrôle, c'est pouvoir libérer la tension vers les sommets qui l'appellent, et non vers un objet limité. Si nous voulons aujourd'hui retrouver la grandeur de la sexualité, il faut penser par-delà Platon (ou en deçà de lui) la tension désirante comme ne visant à *rien*, ne touchant à rien.

Car telle est précisément la vérité de la sexualité. La fulgurance du désir ne cherche rien. Ne peut rien attraper ou garder. Voilà sans doute, pour le dire un peu rapidement, ce que l'Occident n'a pas réussi à reconnaître.

En dernière instance, ce que nous découvrons dans l'amour sexuel et qui nous effraie est que nous n'atteignons rien. Telle est paradoxalement la source de la joie véritable. L'immensité que je cherche n'est rien et je ne peux donc pas la saisir. C'est une expérience très déstabilisante. Il nous faut apprendre à aimer ce rien. En s'y confiant.

Au cœur de l'*éros* comme en réalité au cœur de l'existence humaine, il y a un rien. En voulant donner un visage au rien, comme Bien suprême, Platon a été conduit à ne plus voir en la sexualité son ampleur originaire. De ce rien, on ne peut justement rien faire.

Là sans doute réside l'étrange aveuglement au cœur de toute notre histoire qui nous rend si difficile d'établir un rapport à la sexualité qui soit à la hauteur de sa vocation. Oui, comprendre la sexualité dans sa vérité et sa grandeur est une tâche encore à venir…

*

La philia *comme déploiement de la tendresse*

> Vous êtes un des rares hommes, Albert, que j'aime et que j'admire d'instinct et de connaissance à la fois (les deux si souvent se détruisent), ces hommes que le temps, le souci, l'espoir, la fatigue puis l'allégresse de vivre font grandir chaque jour dans notre cœur dont ils occupent et dessinent le sommet que la nature ne nous a point donné et qui n'est dû qu'à nous et à cet infime nombre de frères que nous chérissons et qui nous éclairent à tout moment là-haut[1].

Si l'*éros* est pensé par Platon, la *philia* l'est par Aristote chez qui elle prend une immense ampleur. Par là, il retrouve l'intuition des premiers penseurs de l'Occident que furent Héraclite et Empédocle, chez qui c'est elle qui a la prééminence.

Il existe une différence profonde entre Platon et Aristote : ils n'ont pas la même compréhension de la vérité de l'amour. Platon interprète toute *philia* comme une modalité d'*éros*, car pour lui la vérité de l'amour est cette « tension vers ce qui est le plus pleinement ». Aussi, pour lui, l'amour véritable a lieu dans une situation d'inégalité, c'est-à-dire quand l'aimé est élevé par l'amant, tendu par lui vers le beau.

Pour Aristote, au contraire, la *philia* est la vérité de

1. Lettre de René Char à Albert Camus, in *Correspondance*, Gallimard, 2007, p. 105.

l'amour, et repose sur une réciprocité profonde. L'amour y est alors non une tension érotique, mais le fait que l'autre me soit cher.

Comprendre la différence entre *éros* et *philia,* comme celle qui peut exister entre passion et amour ou entre amour et amitié, n'est pas suffisant. Alors que la *philia* est le sentiment vis-à-vis de ce qui nous est le plus cher, l'*éros* désigne le sentiment vis-à-vis de ce qui nous manque. La nuance peut sembler infinitésimale, elle est pourtant essentielle.

Le terme *philia* en grec ancien est la marque du possessif. Ainsi, avant de signifier « je t'aime », *philia* veut dire « mien » au sens d'« avoir en propre ». Et l'on trouve cette occurrence chez Homère où *philos* signifie « ce qui est à moi ».

Dans l'amour, nous sommes proprement nous-mêmes. Rien de plus simple à comprendre : avec celui que j'aime – peu importe qu'il soit mon conjoint, un ami ou un maître –, je suis spontanément ce que je suis, sans avoir aucun effort à faire, sans avoir peur d'être mécompris ou, pire encore, instrumentalisé. La plupart du temps pourtant, nous sommes à l'écart de nous-mêmes, prisonniers d'images diverses que l'on projette sur nous et qui nous emprisonnent. Je suis perçu comme un « type sympa », une « employée dévouée », une « mère compréhensive »… Nous sentons bien que ces regards nous tiennent à distance. Quelque chose nous fait alors défaut. Nous ne sommes pas nous !

Le philosophe Pierre Jacerme, pour nous permettre d'entendre le sens de la *philia*, invite à reconsidérer la célèbre phrase de Montaigne sur son amitié avec La Boétie : « Parce que c'était lui, parce que c'était moi. » Il explique : « Je repensais à cette phrase et tout à coup j'ai réalisé que je l'avais comprise complètement de travers. Souvent on croit que cette phrase désigne une relation très intime, une fusion. "Parce que c'était lui, parce que c'était moi." L'amitié, ce serait cela. Mais il faut réfléchir un petit peu : parce que si l'amitié c'était cette fusion, alors il n'y aurait plus personne, il n'y aurait ni l'un ni l'autre, et donc il n'y aurait pas d'amitié. L'amitié ne serait pas possible. En fait, la phrase ne peut pas avoir ce sens. "Parce que c'était lui, parce que c'était moi" : parce que je lui ai fait la faveur d'être lui et qu'il a été complètement lui, et parce qu'il m'a fait la faveur d'être moi et que j'ai pu être complètement moi. Il faut comprendre ainsi. Et là, vraiment, c'est l'amitié[1]. »

Pierre Jacerme éclaire ici le sens profond de la *philia*. Avec quelqu'un que j'aime, je suis appelé à être complètement moi – sans masque ou inquiétude. Lui de même. Dans la *philia*, nous sommes proprement qui nous sommes, en nous confiant à un autre.

N'est-ce pas paradoxal ? Nullement, car le sort de l'être humain est de n'être jamais vraiment lui sans amour. Il ne se suffit pas à lui-même. L'amour comme *philia* est ce mouvement qui invite à être soi – dans la plus grande tendresse qui nous confie à un autre.

De la même façon que dire à quelqu'un : « Tu me manques » peut avoir deux sens contradictoires, dire à

1. Pierre Jacerme, *Monde, déracinement, présence des dieux*, Éd. du Grand Est, 2009, p. 48.

quelqu'un : « Je suis tien » ou « Tu es mien » peut aussi être compris de deux manières radicalement différentes. Cette phrase peut désigner la possession : « Tu es mien comme je possède cette voiture » – et l'on voit parfois des couples où manifestement la relation est de ce type. Mais le plus souvent, heureusement, en disant : « Je suis tien », je souligne combien mon être tout entier ne rayonne qu'en ta présence.

*

*L'*agapè *ou la charité*

> Quand je parlerais les langues des hommes et des anges, si je n'ai pas l'amour [la charité], je ne suis plus qu'airain qui sonne ou cymbale qui retentit [...]. Quand je distribuerais tous mes biens en aumônes, si je n'ai pas l'amour, je ne suis rien. [...] L'amour ne passera jamais[1].

Parce que le mot *éros* avait une connotation charnelle et parce que la *philia* était restreinte à la seule dimension humaine, les traducteurs de la Septante[2] ont choisi pour dire l'amour le terme grec *agapè*[3]. Ce terme a pris une

1. Saint Paul, Épître aux Corinthiens, 13, 1-8.

2. La Septante est la traduction de l'Ancien Testament en grec. Elle fut effectuée au IIIe siècle av. J.-C.

3. Le mot *éros* ne se trouve que deux fois dans l'Ancien Testament grec, tandis que le Nouveau Testament ne l'emploie jamais.

très grande importance dans le Nouveau Testament et a été traduit en latin par *caritas* qui a donné en français « charité ».

L'*agapè* est devenu, pour les chrétiens, la manière vraie de dire l'amour. Alors qu'*éros* est le désir, l'aspiration ou encore l'élévation, l'*agapè* est le don de soi, le mouvement désintéressé de descente. Il lui est donc supérieur. Alors que la *philia* ne se donne qu'à celui que j'aime dans une réciprocité parfaite, l'*agapè* se donne à tous, amis comme ennemis. Il lui est donc préférable.

Le christianisme naît de l'idée surprenante – et qui aurait été incompréhensible aux Grecs du temps d'Homère et de Sappho – qu'il existe un Dieu unique et transcendant le monde, qui aime l'homme. À l'origine du fait d'être chrétien, il y a une rencontre avec un événement, une Personne : le Christ, qui ne serait autre que Dieu fait homme. Et ce Dieu aime tellement l'homme que, en se faisant homme lui-même, il le suit jusqu'à la mort.

L'amour humain doit prendre sa mesure sur cet amour que Dieu a pour l'homme. Dans la charité, il ne s'agit donc plus d'aimer un homme par les yeux du sentiment mais selon la perspective du Christ. L'amour est accompli quand, voyant un homme, je ne vois pas seulement en lui une personne, quelqu'un d'autre que moi, mais que je reconnais en lui l'image de Dieu. Quand sœur Emmanuelle part vivre avec les chiffonniers du Caire, dans une misère indescriptible, insoutenable, elle est mue par cet appel qui lui fait discerner chez les plus démunis parmi les démunis la figure du Christ.

L'articulation entre l'amour de Dieu et l'amour du prochain est depuis la première Épître de Jean au cœur de la pensée chrétienne. Seul le service du prochain ouvre nos yeux sur ce que Dieu fait pour nous et sur sa manière à lui de nous aimer.

L'un des textes majeurs où se révèle ce sens chrétien de l'amour est la parabole du bon Samaritain :

> Un docteur de la Loi se leva, et dit à Jésus, pour l'éprouver : « Maître, que dois-je faire pour hériter de la vie éternelle ? »
>
> Jésus lui dit : « Qu'est-il écrit dans la Loi ? Qu'y lis-tu ? »
>
> Il répondit : « Tu aimeras le Seigneur, ton Dieu, de tout ton cœur, de toute ton âme, de toute ta force et de toute ta pensée ; et ton prochain comme toi-même. »
>
> « Tu as bien répondu, lui dit Jésus, fais cela, et tu vivras. »
>
> Mais lui, voulant se justifier, dit à Jésus : « Et qui est mon prochain ? »
>
> Jésus reprit la parole, et dit : « Un homme descendait de Jérusalem à Jéricho. Il tomba au milieu des brigands, qui le dépouillèrent, le chargèrent de coups, et s'en allèrent, le laissant à demi mort.
>
> Un sacrificateur, qui par hasard descendait par le même chemin, ayant vu cet homme, passa outre.
>
> Un Lévite, qui arriva aussi dans ce lieu, l'ayant vu, passa outre.
>
> Mais un Samaritain, qui voyageait, étant venu là, fut ému de compassion lorsqu'il le vit. Il s'approcha, et banda ses plaies, en y versant de l'huile et du vin ; puis il le mit sur sa propre monture, le conduisit à une hôtellerie, et prit soin de lui. Le lendemain, il tira deux

deniers, les donna à l'hôte, et dit : "Aie soin de lui, et ce que tu dépenseras de plus, je te le rendrai à mon retour."

Lequel de ces trois te semble avoir été le prochain de celui qui était tombé au milieu des brigands ? »

« C'est celui qui a exercé la miséricorde envers lui », répondit le docteur de la Loi. Et Jésus lui dit : « Va, et toi, fais de même[1]. »

Simone Weil, non sans raison nommée la « Diotime de notre temps[2] », méditant cette parabole, écrit : « Le Christ nous a enseigné que l'amour surnaturel du prochain, c'est l'échange de compassion et de gratitude qui se produit comme un éclair entre deux êtres dont l'un est pourvu et l'autre privé de la personne humaine. L'un des deux est seulement un peu de chair nue, inerte et sanglante au bord d'un fossé, sans nom, dont personne ne sait rien. Ceux qui passent à côté de cette chose l'aperçoivent à peine, et quelques minutes plus tard ne savent même pas qu'ils l'ont aperçue. Un seul s'arrête et y fait attention[3]. »

Simone Weil a fait dans sa vie, de son travail en usine à son engagement durant la guerre d'Espagne, l'épreuve que la charité comme amour du faible est *surnaturelle*. Elle souligne dans ses textes, avec une intensité rarement égalée, combien partout l'approche inverse règne : le puissant écrase le faible, le domine, voire le met à mort.

---

1. Évangile de Luc, 10, 25-37.
2. Pierre Boutang, *L'Ontologie du secret*, PUF, 1973, p. 252.
3. Simone Weil, « Formes implicites de l'amour de Dieu », in *Œuvres complètes, t. IV, Écrits de Marseille*, Gallimard, 2009, p. 291.

Cette règle est la vérité des rapports humains. Elle est valable en tout lieu et en tout temps. L'esprit est partout soumis à la force. L'amour est la seule réponse, le seul élément qui ne soit pas pris dans cette logique.

*

Amour conjugal et amour courtois

J'ai pesé de tout mon désir
Sur ta beauté matinale
Pour qu'elle éclate et se sauve.

L'ont suivi l'alcool sans rois mages,
Le battement de ton triangle,
La main-d'œuvre de tes yeux
Et le gravier debout sur l'algue.

Un parfum d'insolation
Protège ce qui va éclore[1].

Le christianisme met l'accent sur l'amour conjugal d'une manière très surprenante. Seul il a fait du mariage un *sacrement*. Seul pour lui le divorce est un interdit théologique. Pour lui, l'amour entre un homme et une femme apparaît comme l'archétype de l'amour par

1. René Char, *Gravité*, in *Fureur et mystère*, Gallimard, « Bibliothèque de la Pléiade », p. 150.

excellence, devant lequel s'estompent les autres formes d'amour.

Tout aussi singulière est son idée que l'amour véritable s'accomplit dans la procréation. Pour nombre de peuples, qu'il s'agisse des Indiens ou des anciens Grecs, la sexualité au sein du mariage est une forme inférieure d'amour car visant un but, la procréation[1].

Le conflit est radical entre une conception de l'homme comme être qui doit surmonter l'ordre de la nature pour entrer dans celui de la liberté, et celle de l'Église qui insiste sur la nature de l'être humain comme homme et femme et demande que cet ordre de la création soit respecté dans le mariage qui est pour elle « sacrement de création ». Deux conceptions radicalement opposées de l'existence humaine.

En Occident, une compréhension de l'amour teintée d'*éros* a ressurgi au Moyen Âge avec les troubadours, la *fin'amor* (nommée « amour courtois ») et surtout peut-être avec le mythe de Tristan et Yseult. La Dame, qui n'est jamais l'épouse, inspire au chevalier l'aventure, conduit le troubadour au chant et porte le désir à son comble, teintant toute l'expérience humaine de son intensité. Guenièvre se donne à Lancelot, Yseult reste à jamais inséparable

1. C'est à cette conclusion qu'aboutit Rilke : « Supposer que le moment de l'amour, qui nous semble si pleinement, si profondément nôtre et particulier, puisse être déterminé totalement, audelà de l'individu, par l'avenir (par l'enfant à venir) et, à l'opposé par le passé – serait effrayant » (lettre à Lisa Heise, *Correspondance*, *op. cit.*, p. 432). Toute l'œuvre de Rilke est une explication de fond avec le christianisme.

de Tristan dans l'amour le plus tangible. Ce qui compte ici n'est pas tant que l'amour soit adultère ou interdit mais, qu'étant libre des conventions et des engagements sociaux, il puisse rayonner dans toute son ardeur.

L'amour ne doit alors sa profondeur qu'à l'amour.

Pour le christianisme, un tel amour est honteux. Seul le mariage – comme institution religieuse et sociale – permet à l'amour d'être rencontre d'un autre. Le respect de l'autre, ne cesse d'insister l'Église, est nié dans les autres types de relations où elle voit à l'œuvre une forme d'instrumentalisation. À l'inverse, comme le souligne Michel Cazenave, l'amour marital, reposant sur le sacrement que rien ne peut dissoudre, met au centre la foi en Dieu et non l'aimé(e). L'époux ou l'épouse est ainsi l'objet d'un amour « qui le dépasse totalement et s'adresse à un Seigneur distinct de la créature[1] ». Toute rencontre passant par Dieu, je n'ai plus de rapport direct à l'*autre* qu'est le ou la bien-aimé(e). Un intermédiaire est devenu nécessaire.

Le christianisme s'étant imposé en Occident, l'amour et la sexualité hors le cadre du mariage ont été condamnés.

Le récit de l'amour de Tristan et Yseult, de manière toute différente, est l'appel à s'abandonner corps et âme au philtre dans cette conviction que « la raison de l'amour, c'est l'amour. La raison d'aimer l'aimée, c'est l'aimée. Et la mesure de l'aimer, c'est de l'aimer sans mesure[2] ».

---

1. Michel Cazenave, *Histoire de la passion amoureuse*, *op. cit.*, p. 263.

2. Michel Cazenave, *Le Philtre et l'Amour, La légende de Tristan et Yseult*, Corti, 1969.

Si je viens ici opposer la compréhension chrétienne de l'amour à celle de l'*éros*, l'honnêteté impose de confronter aussi cette compréhension à celle du couple dans la dimension de la *philia*. Là, la relation de tendresse, sans la médiation de Dieu, invite à ce que l'autre soit, qu'il advienne en la vérité et la splendeur de son être. Ce qui est alors au premier plan n'est pas l'horizon de la famille ou l'indestructibilité du mariage, mais l'élan d'amour où l'autre me donne ce qui m'est le plus propre tandis que je suis tout entier soucieux qu'il soit – dans le geste décrit par Montaigne : un mouvement de coappartenance chaque jour renouvelé. Ainsi compris, le couple est un espace privilégié de réalisation de l'amour, entendu d'une manière profondément non chrétienne.

*

Repenser la relation, retrouver le lien authentique

L'amour tel qu'il s'offre aussi bien dans l'amitié la plus entière, dans la relation amoureuse, dans l'union de deux êtres, en couple ou non, peut être parfait. Il faut se libérer une bonne fois pour toutes de la prétendue distinction entre « amour de concupiscence » et « amour d'amitié ». L'amitié n'est pas une expérience moindre, ni corporellement ni spirituellement, par rapport à la relation amoureuse.

Nous ne le comprenons plus parce que nous ne savons plus ce qu'est une relation entre deux êtres. Nous croyons qu'il y a d'abord deux individus puis, dans un second temps, un lien entre eux. Il y aurait ainsi Roméo et Juliette et, chacun éprouvant un sentiment d'amour, les voici alors liés.

Si on inversait notre façon d'appréhender les choses ? Et si la relation était première ? Si c'était même la relation qui rend chacun ce qu'il est ?

Si Roméo et Juliette n'étaient chacun qu'à partir de la relation – qui, loin d'être secondaire, serait première[1] ?

Je ne suis pas du tout face à mon ami comme devant un objet, ni même comme devant un autre sujet – mais *nous sommes ensemble d'abord.* Nous ne sommes pas deux entités existant l'une à part de l'autre.

Quand quelqu'un perd son conjoint, il ne perd pas un autre, il perd aussi quelque chose de lui. Car je ne suis qu'en rapport à ces liens qui me font être.

Prendre cela au sérieux, prendre l'amour au sérieux impose de repenser ce qu'est l'être humain. Cessons de le considérer comme une entité à part que nous pouvons étudier par l'anthropologie, la biologie ou quelque autre discipline. L'être humain n'est pas une substance, une entité, une identité, mais il est, du plus profond de son être, appelé par l'amour et lui répondant.

L'amour n'est pas ce qui vient se surajouter à mon être, dans la relation avec un autre, mais la dimension première. L'espace même où je peux être pour de bon.

---

1. Pour aller plus loin : Martin Heidegger, *Acheminement vers la parole*, Gallimard, 1976, et plus particulièrement les pages 117 et suiv. et 172.

8.

Comment apprendre à aimer ?

L'amour est l'aspiration que l'être que je considère, cet homme-ci, cet enfant qui fait un château de sable ou encore cet oiseau blessé, soit heureux... Aimer, c'est reconnaître cette aspiration, lui donner droit. C'est se mettre à l'écoute du cœur et n'écouter que lui. C'est le laisser chanter.

Nous avons marché dans la nuit étoilée jusqu'à découvrir, à l'abri des regards, une source fraîche. Un point de pure tendresse. Un point en parfaite résonance avec tous les êtres, mais aussi avec toutes les souffrances. Nous avons pu nous y désaltérer. En plongeant nos mains dans cette clarté étincelante et nue, nous avons touché une innocence insoupçonnée. L'amour est d'une vraie pureté, lorsque aucun discours ne vient le ternir, lorsque nos catégories ne l'enferment pas dans des prisons.

Mais une fois que nous l'avons reconnu, que nous avons touché à l'amour authentique, comment lui rester fidèle, ne pas l'oublier ou nous en détourner ?

*

Se décentrer

Descartes dit en toute clarté la conception habituelle de l'amour : « Il n'est pas besoin de distinguer autant d'espèces d'amour qu'il y a de divers objets qu'on peut aimer. Car, par exemple, encore que les passions qu'un ambitieux a pour la gloire, un avaricieux pour l'argent, un ivrogne pour le vin, un brutal pour une femme qu'il veut violer, un homme d'honneur pour son ami ou pour sa maîtresse et un bon père pour ses enfants soient bien différentes entre elles, toutefois, en ce qu'elles participent de l'amour, elles sont semblables[1]. » Cette conception est fausse. Quand je dis : « J'aime », et que cela signifie « je veux ce qui est bien pour moi », « j'aime quelque chose ou quelqu'un et donc je veux qu'il soit à moi » ou encore « je ne l'aime pas et donc je n'en veux pas », il s'agit d'une approche radicalement égocentrique. Une complète distorsion de l'amour.

La vérité de l'amour est d'être l'épreuve décentrée d'une ouverture radieuse. Et uniquement cela. Nullement la passion d'« un brutal pour une femme qu'il veut violer » !

L'amour est l'aspiration que l'être que je considère, cet homme-ci, cet enfant qui fait un château de sable ou encore ce cheval que je soigne, soit heureux. Le pôle de l'amour est cet animal ou cet homme, mais nullement

1. René Descartes, *Les Passions de l'âme*, art. 82.

« moi » et mon profit, nullement « mon » sentiment. Le je qui aime n'est pas la mesure qui décide de la vérité de ce qui est. Il se confie à l'amour afin qu'il puisse être pur accueil, qu'il puisse dire oui, et libérer ce qui est.

Apprendre à aimer, c'est apprendre à faire naître cette aspiration et la soutenir jour après jour.

*

Chanter l'aspiration du cœur noble

Selon la légende, le Bouddha enseigna sur l'amour au moment où les moines qu'il avait formés allaient pratiquer dans la jungle, isolés de leur communauté, dans des situations qui pouvaient les effrayer. Cette pratique qu'il leur présenta devait, entre autres, les protéger contre les « poisons ». Elle est en tout cas une excellente manière d'apprendre à surmonter ces poisons qui nous conduisent à nous prémunir de la tendresse et qui sont tout aussi bien l'animosité, le ressentiment ou la jalousie. Voici la partie centrale de cet enseignement que de nombreuses personnes de par le monde récitent quotidiennement :

Voici ce que doit faire l'homme soucieux de bien mener sa vie,
Et qui veut demeurer en paix :

Qu'il soit appliqué, droit, parfaitement droit
Conciliant, doux et humble.

Et si de l'amour on ne savait rien ?

Content de toute chose et joyeux,
Qu'il ne se laisse pas submerger par les affaires du monde,
Qu'il ne se charge pas du fardeau des richesses,
Que ses sens soient maîtrisés,
Qu'il soit patient, sans orgueil
Et ne s'attache pas aux plaisirs de ce monde.
Qu'il ne fasse rien qui soit mesquin
Et qui pourrait être désapprouvé par les sages.

Que tous les êtres vivent dans la joie et la confiance,
Que tous soient heureux.

Que tous les êtres, sans exception,
Les faibles comme les forts,
Les gros comme les grands,
Les moyens, les petits, les grossiers,
Qu'ils soient visibles ou invisibles,
Qu'ils soient proches ou lointains,
Qu'ils soient déjà nés ou encore à naître,
Que tous soient heureux.

Que nul ne déçoive un autre
Ni ne méprise personne,
Que nul, par colère ou par haine,
Ne souhaite de mal à un autre.

Ainsi qu'une mère aime son enfant unique,
Prête à tous les sacrifices pour le protéger,
Ainsi avec un amour sans limites
Doit-on chérir tous les êtres.

Il faut cultiver une bonté bienveillante
À l'égard du monde entier
Vers le haut et vers le bas,
Comme dans toutes les directions de l'horizon,
Être sans obstacle, sans haine et sans inimitié.

Étant debout ou en marchant, assis
Ou bien couché, tant que l'on est éveillé,
On doit cultiver cette disposition du cœur,
Telle est la suprême manière de vivre.

La singularité de ce texte consiste à donner la parole à notre cœur et à l'écouter.

Il ne s'agit pas de prendre la décision volontaire et rationnelle d'être bon. Notre cœur, en sa vérité native, aspire à ce que tous les êtres soient heureux. Le texte est presque une mélopée qui répète cette aspiration pour mieux la faire résonner en nous. À chaque moment du jour et de la nuit, devant chaque être que tu rencontres, touche en ton cœur cette aspiration à ce qu'il soit heureux et tu trancheras le souci égocentrique et étroit qui rend ta vie si grise.

L'amour ne vient pas à la place d'un sentiment de culpabilité, d'une faute dont il faudrait nous purifier, mais il est l'expression spontanée de la noblesse de notre propre cœur.

La conviction, si profondément enracinée chez tant de nos contemporains, que l'être humain est soumis à des instincts de mort et qu'il est par définition coupable et pécheur nous égare. Ce texte repose sur la conviction inverse : nous n'avons qu'à laisser chanter notre cœur et l'amour rayonnera comme le soleil à midi. Notre cœur est bon. Mais nous avons choisi de ne plus l'écouter. Voilà le mal !

La langue française témoigne de cette compréhension. Le mot « méchant » veut dire « mal chu » ; être méchant, c'est être tombé de travers, à côté de son cœur. Nul n'est en ce sens méchant de son plein gré, mais parce qu'il n'est plus dans un rapport juste à son être. Voilà la méchanceté ! Il est de notre devoir de ne pas y céder, de ne pas l'encourager.

La méchanceté partout présente n'est pas la vérité de notre cœur, mais le refus de sa noblesse. Et nous sommes tous pris par ce refus. Nous refusons notre héritage. Nous sommes en ce sens comme les fils et les filles d'un roi qui ne veulent pas du royaume qui leur est confié, préférant rester dans le confort de leurs jeux puérils.

Il arrive souvent qu'à des moments de crise, un interstice libère la splendeur du cœur, qui, comme un joyau dont on a lavé la poussière qui le recouvrait, peut enfin irradier de tous ses feux. Quand quelqu'un fait une expérience douloureuse, perd un proche, traverse une difficulté personnelle profonde, il lui arrive parfois de laisser tomber le masque et de laisser parler cette dignité. Comme si l'événement avait fait fondre la glace de son cœur.

J'ai connu ainsi quelqu'un d'une grande arrogance qui, à ma surprise, m'appela un soir, dans un état de grand trouble. Je ne l'avais jamais entendu aussi à nu, il ne portait plus son masque de suffisance. Il était merveilleux, au point que je n'arrivais presque pas à le reconnaître. Il me parlait pour de bon, sans aucune crainte. Il n'avait plus la force de maintenir son effort habituel. Et une véritable tendresse irradiait de lui ! Malheureusement, dès qu'il alla mieux, il fit comme si de rien n'était et reprit son costume de professeur hautain.

*

L'amour ne se contrôle pas, il se donne

Reconnaître qu'apprendre à aimer, c'est toucher notre cœur et laisser se dire l'aspiration qu'il contient n'est pas nier les difficultés que nous rencontrons. Affirmer que l'amour est la vérité native de notre cœur n'est pas nier la barbarie et la méchanceté qui règnent partout.

Être aimé, accepter de l'être, de recevoir la tendresse de l'ami(e) est bien plus difficile qu'on ne le dit. Le désir intense que nous avons de toucher à l'amour, d'être enfin aimé, aimé sans retenue, n'empêche nullement d'avoir peur, une grande peur.

Pourquoi ce à quoi j'aspire le plus profondément me terrifie autant ? Ce paradoxe est la loi du cœur.

La raison en est qu'être aimé n'est pas le résultat de mes efforts. On peut reconnaître mon travail, sentir que je suis une bonne mère, souligner les sacrifices que j'ai faits, mais l'amour n'est pas l'effet de mes mérites. Cette vérité est tout autant angoissante que réjouissante. Être aimé est une grâce. Je n'ai donc aucun contrôle sur son advenue.

Cette personne m'aime : je n'y suis, au fond, strictement pour rien. Je n'y peux rien. Elle ne m'aime pas pour mes qualités ou pour mes efforts, mais simplement pour ce que je suis. Or ce que je suis, je ne le sais pas, moi-même, vraiment. Et ce que je connais de moi, j'ai tant de mal à l'aimer. J'en vois trop bien les zones d'ombre, les limites et les failles.

Il y a toujours dans l'expérience d'être aimé l'inquiétude, plus ou moins soutenue, que c'est un malentendu. Lorsqu'elle verra qui je suis en vérité, elle se rendra compte de son erreur. Son amour repose sur un leurre.

Or le génie de l'amour est que l'autre qui m'aime me voit comme je suis, généralement, moi qui suis incapable de le faire. Il reconnaît ce qu'il y a de meilleur en moi, l'immensité qui m'habite. Les ombres, il les voit bien, mais cela ne le gêne en rien, ce ne sont que des ombres qui passent et participent de l'harmonie. Si je veux me défendre et m'assurer que je suis aimable, faire quelque chose pour l'être, je le suis d'autant moins.

Voilà la singulière situation de l'existence humaine : l'amour ne se fabrique jamais. Tout le travail que nous avons donc à faire est d'apprendre à accepter quand il survient et alors de le saluer.

9.

Pourquoi abîmons-nous si souvent l'amour ?

Nous sommes parfois si préoccupés par nous-mêmes, par l'image que nous voulons donner de nous, à laquelle nous souhaitons nous identifier, que l'amour n'a plus, en nous, de place.

L'amour est ce mouvement qui consiste à nous ouvrir vraiment à ce qui est. Son antipode consiste à tout ramener à soi-même. À tout considérer à partir de soi-même. À faire de son moi le filtre déformant, intéressé et cupide. Ne plus voir la beauté d'une fleur ou d'un être, mais ce que je peux tirer de lui, ce qu'il peut m'apporter.

*

La démence du mouvement qui consiste à tout ramener à soi

Ce mouvement étroit est celui de la force centripète. Il consiste à se demander à chaque moment ce que l'on pense de moi, à avoir peur que mon moi soit blessé, qu'il soit un peu triste ou qu'il n'obtienne pas ce qu'il veut. Cette quête n'a jamais de fin car elle ne réussit jamais. Elle défait tout ce qu'elle touche. Seule lui importe la relation que toute chose entretient à moi-même : *mon* stylo, *ma* maison, *mes* amis, *mes* convictions, *mes* croyances, *mes* souvenirs. Moi, moi-même et encore moi. Tout est considéré comme étant à moi ou lié à moi. Est-ce que cet événement *m'*est favorable ou non ? Est-ce que cette relation *m'*est bénéfique ou non ? Plus nous sentons notre moi, plus nous avons l'impression d'être rassurés.

L'enseignement du Bouddha est ici très éclairant. Il distingue le moi – qui, en nous, cherche toujours à se rassurer et à tout manipuler pour être le pivot du monde – du soi, notre être véritable qui n'est en rien une identité fixe mais un foyer ouvert[1].

Donner droit à l'amour passe par le démantèlement du moi et par l'acceptation de l'incertitude de notre être. Ce que je suis, impossible de le fixer, de le connaître une fois pour toutes. Il n'est rien de saisissable. Nous sommes

1. Et qui est parfois nommé « nature de Bouddha », *tathagatagarbha* ; cf. Asanga, *Le Message du futur Bouddha, ou la lignée spirituelle des trois joyaux*, trad. François Chenique, Dervy, 2001.

des êtres des lointains. Et sans habiter au cœur de cette incertitude, sans consentir à l'ouverture de notre existence, il n'est pas d'amour vraiment possible.

*

Si vous faites le geste de vous ouvrir plus avant à l'ami comme à l'être de rencontre, à l'arbre sur le chemin comme à tout ce qui est, l'amour se déploie alors spontanément de lui-même. En ce sens, aimer n'est pas posséder quelque chose ou quelqu'un mais accueillir, laisser être et accompagner. En revanche, chaque fois que nous faisons de nous-même le point de référence à partir duquel nous considérons tout, l'amour est déjà parti.

Cette règle ne connaît aucune exception. Elle n'est cependant pas morale ; elle décrit simplement le mouvement même de la réalité. L'amour ne peut pas être fabriqué, il ne peut pas répondre parfaitement à nos attentes il n'est possible que de le laisser être. Aussi, lorsque le rapport au réel est entièrement médiatisé et filtré par le moi, l'amour n'a plus aucune place. Notre rapport à toute situation est alors tordu.

J'ai connu une femme écrivain qui considérait tous les êtres uniquement en fonction de ce qu'elle estimait être sa place dans le paysage intellectuel français. Son rapport à chaque être était ainsi biaisé – elle ne le voyait qu'au travers du filtre de son inexorable manque de reconnaissance qu'elle ressentait comme illégitime, une insulte personnelle. Personne ne voyait, selon elle, assez amplement l'importance de ce qu'elle nommait son œuvre et elle en était rongée. Et elle en voulait à tous, et surtout à ceux qui recevaient un peu de ce qu'elle voulait. La jalousie l'empoisonnait au point d'infiltrer tous ses actes.

Le terrible est que rien ne peut combler ce manque, cet insatiable désir de consolation. Une fois que nous cherchons à le satisfaire, nous sommes pris dans une spirale sans fin. Il faut toujours en faire plus. Rien n'y suffit.

Pourquoi abîmons-nous l'amour ? La réponse est à présent toute simple : parce que nous ne lui faisons pas confiance et voulons qu'il adopte le visage et l'allure que *nous* avons décidé qu'il doit prendre. Parce que nous voulons en faire un instrument du moi. Parce que nous voulons qu'il nous serve et nous sécurise.

Or l'amour rayonne pour autant qu'il puisse, lui, ouvrir le chant du monde. C'est lui seul qui peut décider, jamais nous. C'est dans l'amour que je deviens qui je suis. Je ne peux pas le créer comme j'ouvre un dossier sur le bureau de mon ordinateur, je peux uniquement m'ouvrir à lui, consentir à son appel, lui laisser place, le célébrer…

*

L'amour-propre et sa dénonciation par les moralistes français du XVIIe siècle

J'ai attendu ce neuvième chapitre pour évoquer le dévoiement de l'amour, alors que nous en souffrons tous. C'est souvent même la première chose qui nous marque et que nous voudrions comprendre : pourquoi l'amour nous est refusé ? En effet, parler de l'amour est trop souvent restreint à l'évocation de la blessure d'amour, de notre souffrance à ne pas être aimés comme nous le souhaitons. Et je crois cette évidence trompeuse. Il faut d'abord avoir une vision claire de ce qu'est la *vérité* de l'amour, comme ouverture toujours plus entière, bienveillante et chaleureuse, pour aborder sereinement son dévoiement. Sans avoir vu le pur amour, comment discerner le mouvement qui l'abîme ?

C'est donc à dessein que j'ai retardé l'examen de cette question attendue. Il fallait que l'on puisse comprendre qu'il est impossible de retrouver l'amour à partir d'une préoccupation centripète. Donner quelques conseils nous permettant de vivre des relations plus confortables, comme on en trouve tant, partout, est une façon sûre de le trahir. Il n'existe aucune méthode pour aimer, comme il peut en exister pour arrêter de fumer par exemple. Il y a un risque dans l'amour. Impossible d'éviter l'un sans perdre l'autre.

Molière est un auteur qui aide beaucoup à comprendre le ressort de toutes les façons de souiller l'amour. Un guide plus sûr que la plupart des psys ou maîtres spirituels à la mode. Le ressort de l'intrigue de la plupart de ses pièces repose sur les conséquences de ce que les moralistes appellent l'« amour-propre », cette enflure démesurée de ce que j'ai nommé le « moi, moi-même et encore moi », qui abîme tout et ne laisse plus aucune place à l'amour.

Dans *L'Avare*, Harpagon ne considère les choses et les

êtres qu'à travers le filtre de cette seule interrogation : « Comment faire en sorte de garder le plus d'argent pour moi et en dépenser le moins possible ? » Rien d'autre ne compte.

Dans *Le Malade imaginaire*, Argan n'a de rapport aux êtres qu'en fonction du bien qu'ils peuvent lui faire – et au premier chef reconnaître son hypothétique maladie. Du coup, son jugement sur tous les êtres qui l'entourent est erroné ou point de s'amouracher d'une intrigante et de renier sa fille aimante.

Le tour de force de Molière est de faire apparaître comment le monde est défiguré par l'amour-propre de chacun de ses personnages. Argan souffre, mais sa souffrance le rassure car elle donne au monde une consistance. Par elle, il est comme une araignée au centre de sa toile.

Tout le travail des moralistes français, dont Molière est l'un des grands représentants, a consisté à décrire les tours et détours de l'amour-propre. Nous en sommes tous victimes. Et, faute de le reconnaître, nous meurtrissons l'amour. La Rochefoucauld, l'un des penseurs les plus radicaux de ce courant de pensée, note : « L'amour-propre est l'amour de soi-même et de toute chose pour soi. Il rend les hommes idolâtres d'eux-mêmes et les rendrait les tyrans des autres si la fortune leur en donnait les moyens[1]. » D'une manière impitoyable, La Rochefoucauld expose comment lorsque nous pensons aimer, nous cherchons en réalité à obtenir quelque chose. Nous ne voulons pas de l'amour, nous voulons nous idolâtrer.

---

1. La Rochefoucauld, *Maximes*, 105, *Œuvres complètes*, Gallimard, « Bibliothèque de la Pléiade », 1964, p. 318.

Cessons de confondre ces deux ordres. Chaque fois que nous aimons pour obtenir quelque chose, nous n'aimons pas, nous investissons.

Les moralistes, malgré le nom que l'histoire littéraire leur a donné, se méfient de la morale. Ils dénoncent les grands discours éthiques pour débusquer, partout où il se cache, le jeu de l'amour-propre. En ce sens, La Rochefoucauld écrit dans un autre aphorisme : « Ce qui paraît générosité n'est souvent qu'une ambition déguisée qui méprise les petits intérêts pour aller vers de plus grands. La vertu n'irait pas si loin si la vanité ne lui tenait compagnie. » L'analyse de La Rochefoucauld permet de comprendre l'importance de considérer la motivation qui préside à nos actions. Nous avons tous tendance à ne regarder que les actes, estimant un riche donateur comme un être généreux, celui qui profère de grands discours comme étant magnanime... Mais ce que l'on perçoit d'un acte ne nous dit rien de son sens. Tel homme qui fait un don important peut n'être mû que par l'effet qu'il cherche à produire et par l'image qu'il veut donner de lui. Bien des actions « généreuses » ne sont que des formes de publicité déguisée.

Or l'amour se dissout au contact du calcul. Il n'a donc aucune place dans le jeu courant des relations sociales.

Si vous voulez donner droit à l'amour dans votre vie, il importe d'apprendre à débusquer les tours de l'amour-propre – à la racine de toutes les hypocrisies. Comme l'écrivait Jacques de Bourbon Busset évoquant le grand amour qui le lia à son épouse, « [pour le préserver] il a fallu désarmer nos amours-propres. Ce fut long et difficile. Nous étions aidés dans cette tâche par la conviction que rien ne tue plus sûrement l'amour que l'amour-propre[1] ».

Personne ne peut entrer dans l'amour sans faire ce dur travail. Or, comme rares sont les êtres prêts à s'y engager, l'amour est généralement aux abonnés absents.

L'amour ne vient à paraître qu'à celui qui accepte de ressentir un profond dégoût pour la toile gluante de l'amour-propre qu'il ne cesse de tisser. Sans éprouver une aversion qui peut aller jusqu'à la nausée, comment avoir le courage de se rendre compte de nos lâches manipulations, parfois même inconscientes ? Cette honnêteté est la condition indispensable à l'amour : « La chasse en commun à l'amour-propre, précise Jacques de Bourbon Busset, nous a habitués à débusquer l'ennemi dans ses plus secrètes cachettes et à exhiber au grand jour cet hypocrite qui sait si adroitement se draper dans le manteau rapiécé de l'humilité. »

Le seul antidote à l'amour-propre est l'amour pur. Il en est le contrepied et le contrepoison. L'amour pur est cette aspiration à ce que l'autre soit, à ce que rien n'entrave son être, qu'il soit même conduit à s'y détendre pleinement. Ce souci ému qu'un être se manifeste à sa propre mesure est un signe indiscutable de la vérité de l'amour.

L'amour-propre, en revanche, ne veut rien savoir de ce qui est – Argan n'a aucune considération pour les sen-

1. Jacques de Bourbon Busset, *Lettre à Laurence*, *op. cit.*, p. 51.

timents de sa fille Angélique. Il souhaite la voir mariée à Thomas Diafoirus, le fils d'un médecin qui pourra ainsi veiller sur sa santé *à lui*. Angélique est un élément de son calcul. Rien d'autre.

Pour nombre d'êtres humains, les autres êtres ne sont qu'autant de pièces qu'il faut réussir à manipuler. La vie est, pour eux, l'apprentissage de cet exercice. Il y a des avancées et des moments de recul. La plupart des romans, des films, des conversations tournent autour de ces manœuvres. Aimer a alors bien plus à voir avec un exercice militaire, la préparation d'une bataille, qu'avec un geste d'ouverture.

Tout se résume au seul souci de se voir rassuré. Car ce n'est pas seulement que je veux être exaucé, avoir la fille et l'argent, le pouvoir et la reconnaissance, mais je veux surtout être rassuré que je suis bien *quelqu'un*. Cette démence de l'amour-propre conduit ainsi à préférer l'image de notre propre reflet à quoi que ce soit d'autre. L'amour-propre est la quête de notre image – qui jamais n'est assez solidement posée, assurée, glorifiée. Mariée à Diafoirus, Angélique participerait à l'affirmation de la réalité de la maladie – c'est-à-dire à l'identité d'Argan. Beaucoup de relations et de couples sont fondés sur ce leurre : que l'autre me reflète, c'est-à-dire me rassure sur ma valeur et mon existence. « Sois mon miroir. Voilà la seule place que je peux te conférer », dit l'esclave de l'amour-propre.

Or c'est ce miroir qu'il s'agit de traverser... pour entrer dans l'amour qui fait en quelque sorte de chacun de nous une Alice au pays des merveilles. C'est seulement si nous sommes prêts à entrer dans l'inconnu, à traverser le miroir en suivant un lapin blanc, que nous pouvons découvrir l'immensité de l'amour.

*

S'aimer

Faut-il donc ne plus s'intéresser à soi, voire se mépriser, comme certains courants religieux ont parfois pu le penser ? Est-ce cela, le chemin de l'amour ? Nullement.

Jean-Jacques Rousseau s'est particulièrement penché sur cette question. Il montre l'importance de distinguer l'« amour de soi » de l'amour-propre : « L'amour de soi, dit-il, qui ne regarde qu'à nous est content quand nos vrais besoins sont satisfaits. Mais l'amour-propre qui se compare n'est jamais content et ne saurait l'être parce que ce sentiment, en nous préférant aux autres, exige aussi que les autres nous préfèrent à eux, ce qui est impossible[1]. » Cette remarque lumineuse permet de préciser que l'amour ne consiste nullement à se détourner de soi, voire à s'oublier, mais à repérer la logique mortifère de l'idolâtrie du moi.

L'amour de soi, comme le rappelle Rousseau, est une sorte d'affermissement de son propre sol qui nous permet de trouver l'élan pour nous ouvrir toujours davan-

1. Jean-Jacques Rousseau, *Émile*, livre IV.

tage. L'amour a même réellement besoin que règne une grande bienveillance envers soi pour pouvoir irradier. Pour lui laisser place, il importe de cesser de s'en vouloir ou de se juger trop âprement. C'est pour autant que nous sommes posés dans la tendresse que nous pouvons nous ouvrir aux autres.

Comment aimer en restant sourd à ce mouvement d'amour nu qui vous touche au plus intime de vous-même ? L'amour doit d'abord toucher intimement pour pouvoir ensuite irradier.

10.

Manquer de cœur : pourquoi cela peut-il être une chance ?

Parce que nous sommes doués d'un cœur aimant, le monde nous touche et même parfois nous blesse. Or ne plus vouloir sentir cette blessure, c'est abandonner la possibilité de l'amour. S'enfermer dans une forteresse.

L'amour-propre nous ferme à l'amour et constitue l'un des principaux verrous du cœur. Ses mécanismes et les régions de son empire fictif sont décrits de façon particulièrement éclairante dans la pensée bouddhique, sous le mot d'« ego » ou de « moi ». Ce terme a dans cette tradition un sens très précis que nous allons essayer de comprendre.

Nous sentons notre moi et nous voulons que tout aille au mieux pour lui. Que tout lui soit favorable. Et nous avons le sentiment d'exister presque comme si nous étions immortels – la perspective de notre propre mort est en général assez abstraite. Le problème n'est pas que ce souci de soi, de se mettre toujours en avant, de ne penser qu'à soi et encore à soi, serait une faute, mais il est impossible de le satisfaire. Plus nous essayons, plus nous nous faisons du mal.

Si j'ai soif et que je bois un verre d'eau, ma soif est étanchée. Mais le souci d'établir un moi solide, d'être entièrement rassuré de son importance, est voué à l'échec. Un tel désir n'est jamais rassasié.

*

La notion si mal comprise d'ego

L'ego est une construction fragile. Il n'est pas une identité que nous serions coupables d'avoir en nous, mais un mouvement de structuration inutile que chaque être humain tente, en vain, d'établir pour se rassurer. Aussi, parler d'un ego plus ou moins « grand », plus ou moins « fort », n'a pas beaucoup de sens du point de vue bouddhiste. Le moi est simplement un regard distordu, porté sur notre expérience et la réalité. Réussir à le reconnaître, telle est la visée de l'enseignement du Bouddha, car c'est la seule possibilité de faire naître une attitude véritablement bienveillante. Étudier la notion d'ego, en démanteler les ressorts, est une formidable manière de nous permettre de nous détendre.

Les enseignements bouddhiques expliquent que toute existence est marquée par trois phénomènes que nous refusons le plus souvent de reconnaître.

Le premier : tout est pris dans un *mouvement* continu et changeant (ce que l'on traduit généralement par le terme d'« impermanence »). On ne peut jamais faire en sorte que les choses soient éternelles ou même fixées une fois pour toutes.

Le deuxième : un désaccord au sein de notre existence se manifeste par un mal-être, plus ou moins évident et prégnant, qui teinte la plupart de nos expériences.

Le troisième : l'ego n'est pas notre vérité profonde. Il est un effet de surface comme les reflets sur l'eau que nous prenons pour la réalité. La vérité d'un être humain est un peu comme ces objets fractals dont chaque point qui les constitue est en lui-même une structure gigogne, renvoyant à un univers infini. Impossible de les déterminer une fois pour toutes, ils sont une structure de renvois illimités. Nous ne pouvons jamais faire le tour complet d'un être, le connaître entièrement, même si nous vivons un grand nombre d'années à ses côtés. Toujours il nous surprend. Chaque être échappe ainsi à tout ce que nous pouvons dire de lui car il n'a pas – heureusement – de moi fixe, indépendant et éternel.

L'ego comme abîme

Il n'est pas facile d'être toujours changeant et imprévisible. Nous essayons donc de nous trouver des caractères fixes. De nous dénommer. De nous épingler. Nous tentons de nous assurer que nous sommes comme ci ou comme ça… Nous essayons de construire un ego, un moi solide et reconnu de tous. N'y arrivant pas, nous paniquons et redoublons d'efforts pour tenter, malgré tout, de l'instituer. Nous espérons ainsi établir un être sur lequel nous aurions une mainmise. L'ambition de l'ego est le règne totalitaire de l'absolu réalisé.

Mais quoi que nous pensions, une incertitude signe notre existence : rien à faire, l'ego est un mouvement de réaction contre la réalité de notre être, un mouvement de crispation qui tente de la nier. Chögyam Trungpa avait recours à une image très éclairante pour le montrer : être, du point de vue de l'ego, c'est ressembler à un verre qui, s'il tombe, se casse tout de suite. Aussi l'ego est-il toujours plus inquiet, crispé et paranoïaque : « Est-ce que je suis vraiment ? Est ce que je suis comme il faut ? » En revanche, être du point de vue du non-ego, c'est devenir comme un récipient en laque : s'il tombe, il rebondit. Sa fragilité même le préserve. Son ouverture le protège.

Le désir que l'ego soit peut prendre aussi bien le visage de l'orgueil – regardez comme je suis important – que de la haine de soi – regardez comme je suis nul. Jalousie, agression, attachement en sont autant de modalités dont on croit qu'elles nous aident à nous sentir à sécurité. Mais un tel effort ne nous laisse jamais en paix. Il nous étouffe.

L'amour comme espace du non-ego

La merveille d'un être humain, ce qui fait qu'il est possible de l'aimer, consiste précisément dans le fait qu'il n'a pas besoin d'ego pour être. Il est complètement ouvert sur le secret qui le déborde – secret qui n'est pas une identité stable mais un paysage infini et sans cesse en devenir.

C'est, selon la perspective que l'on adopte, formidable ou pénible. Si l'autre avait un ego, nous pourrions le connaître parfaitement, savoir ce que nous pourrions en faire. L'affaire serait réglée. Mais comme il n'a pas au fond d'ego, je suis donc toujours invité à rester à son écoute. Il déborde de toutes les conceptions que j'ai pu élaborer à son égard. Je peux donc aimer à neuf, chaque jour, l'homme ou la femme avec qui je vis.

Chacun de nous aussi est parfois, pour soi-même, un étranger. Nous ne réussissons jamais à nous comprendre entièrement. Nos réactions peuvent nous surprendre. Une part de nous reste imprévisible. Nous est inconnue. Telle est la raison de l'importance de la pratique de la méditation : elle nous apprend à laisser être ce qui est, sans chercher à le comprendre, à le restreindre à une opinion quelconque ou à un projet définitif.

Dire à quelqu'un : « Je t'aime », c'est saluer ce qu'il est sans que cela lui appartienne pour autant, c'est le restituer dans l'espace bienveillant et immense du non-ego. Une manière de s'ouvrir au mystère qu'il est. Comme l'écrit Marina Zvétaieva, prenant congé d'un homme qu'elle a profondément aimé, « aimer, c'est voir un homme comme Dieu l'a conçu et comme ses parents ne l'ont pas réalisé. Ne pas aimer, c'est voir l'homme tel que l'ont réalisé ses parents. Ne plus aimer, c'est voir à sa place une table, une chaise[1] ».

---

1. Marina Tsvetaeva, *Neuf lettres avec une dixième retenue et une onzième reçue*, Clémence Hiver, 1991, p. 53.

*

S'ouvrir à la négativité

Cet enseignement est une magnifique bonne nouvelle. L'ego n'est pas le diable. Il est l'ombre de l'espace ouvert. Il ne s'institue jamais entièrement car il reste toujours insatisfait.

La méditation nous permet de voir que ce que nous avons cru reconnaître comme un ego se dégonfle comme une baudruche à l'instant où nous le regardons. Il n'y a donc pas de combat à mener contre lui – puisqu'il n'est pas ou, plus exactement, que son existence est aussi relative et fragile que celle d'une ombre. Méfions-nous donc de ces élans qui risquent de figer une situation qu'il importe au contraire de laisser respirer. N'entrons pas en guerre contre une ombre. Reconnaissons qu'elle n'est qu'une ombre.

Mon propos n'est pas moral. Je ne vous engage pas à être moins égotique ou égocentrique mais à mieux reconnaître ce que vous êtes.

Ne vous en veuillez pas quand surviennent la peur, la maladresse ou la jalousie. Ce sont des mécanismes de défense, des réactions pour se protéger. Elles sont idiotes, certes, mais nullement honteuses. Les reconnaître pour ce qu'elles sont, c'est avancer plus avant dans l'amour.

Il n'y a aucune raison de rejeter la confusion puisqu'elle nous appelle à nous ouvrir davantage, à nous dépasser. Nous disons tous, à un moment ou l'autre, non à l'amour parce que nous avons peur de sa demande. Nous n'y croyons pas. Le véritable problème n'est pas d'avoir peur ou d'être jaloux, mais de justifier notre jalousie et de chercher à nous en venger.

Chaque fois que vous reconnaissez que vous manquez à l'amour, ne vous attristez pas, mais au contraire réjouissez-vous : l'amour s'appelle en vous et vous parle. Car, sinon, comment sauriez-vous que l'amour fait défaut ? C'est le non-ego qui en nous perçoit le jeu macabre de l'ego, c'est l'amour qui en nous s'inquiète et refuse nos stratégies de fuites.

Quelqu'un dit une parole qui vous blesse, vous avez mal. C'est le signe que vous avez un cœur. Le nier, en revanche, par une sorte d'orgueil, parce que vous devriez être serein, conduit à déployer des stratégies aussi vaines que malheureuses : « Non, ces paroles que tu m'as dites ne m'ont fait aucune peine, car je n'accorde aucun crédit à ce que tu me racontes. » Un mensonge, suivi d'un autre mensonge, nous entraîne dans un cycle où nous n'avons plus aucun rapport à ce que nous éprouvons.

Il n'y a aucune faute à éprouver les choses comme ceci et non comme cela. Nous n'y pouvons rien, des mécanismes émotionnels viennent nous traverser. Mais nous ne sommes pas ces émotions fugitives. Nous n'avons aucune raison de nous identifier à elles, de les prendre au sérieux, de les nourrir. La faute n'est pas d'éprouver de la jalousie, mais d'agir en fonction de ce point de vue en le prenant pour vrai.

Autrement dit, le piège que nous tend le souci d'établir solidement un ego réside en ceci qu'un observateur se met alors à commenter toutes nos actions. Nous passons sous le contrôle d'un superviseur appelé le « moi ». Pourquoi nous identifier ainsi à ce commentaire, généralement hostile ? La négativité interprétée, jugée et camouflée se trouve alors endurcie.

Il y a d'un côté la négativité : la colère, la jalousie, la paresse, la peur, la possessivité, la bêtise... Et puis la négation de la négativité : notre refus de faire l'épreuve de la négativité, de la justifier, de la commenter, de la nier.

La négativité, personne ne peut l'éviter. Elle est le signe que nous sommes sensibles, que notre cœur est vivant. Nous sommes en colère parce que nous sommes touchés et ne savons que faire de cette blessure. Ce n'est pas grave. Notre devoir premier est d'en faire l'épreuve.

La négation de la négativité, en revanche, il faut la trancher. Sur-le-champ. Aucune complaisance. Si nous disons du mal de quelqu'un parce qu'il nous a ignorés et que son attitude nous a blessés, arrêtons sur-le-champ. Que nous ayons mal de son attitude à notre égard, voilà qui peut s'expliquer et se comprendre, mais ne nous laissons pas aller à nous venger. L'amour exige que nous tranchions net dans ce jeu néfaste de la négation de la négativité. Il nous faut être résolus. Revenons à l'épreuve de notre cœur en refusant les commentaires.

Couper la négation de la négativité est l'intelligence, sans laquelle l'amour n'est rien, tourne en rond, ne se déploie pas. L'épée de l'intelligence seule peut lui ouvrir l'espace de son rayonnement. L'épée de l'intelligence est cette intuition qui en nous repère notre hypocrisie et nous fait revenir à la tendresse première de notre cœur.

*

Manquer d'amour pour apprendre à aimer

Tout être humain manque à l'amour – et un tel manque, loin d'être une carence, est le signe que l'amour œuvre en nous. Il n'y a là nulle faute, mais l'ampleur véritable de l'aspiration de notre cœur. Nous ne pouvons pas renoncer à ce que l'amour règne sans partage.

Sentir que nous manquons à l'amour, voilà l'amour lui-même.

Car il est, précisément, ce qui ne se saisit pas, ce qui excède nos mesures.

Autrement dit, nous ne sommes dignes de l'amour qu'en sachant combien nous y manquons. Impossible de posséder l'amour : nous ne pouvons que sentir la distance à laquelle il semble se tenir, la nostalgie où il nous laisse de son règne. La seule dignité de l'être humain est de soutenir ce manque, de ne pas le nier comme l'endoctrinement de l'ego nous y invite. Car l'impulsion qui nous conduit à instituer l'ego veut nous convaincre que, de l'amour, nous n'avons nul besoin, qu'il est même un danger.

Aimer et donner droit à l'amour, c'est être prêt à ouvrir toujours davantage son cœur. Être touché. Être ému. Parce que nous sommes doués d'un cœur aimant, le monde nous touche et parfois nous blesse. Ne plus vouloir sentir cette blessure, c'est abandonner la possibilité de l'amour. Sentir que quelque chose nous fait défaut n'est pas le signe d'une insuffisance, mais la preuve que nous sommes en contact avec l'immensité gardée vivante.

L'amour dépasse toutes nos mesures. Aussi les plus beaux chants d'amour ne cessent-ils d'appeler à aimer davantage. Sans raison. On y parle même des larmes et du chagrin comme d'un baume longuement recherché. On y évoque des actions incompréhensibles selon les usages habituels. Telle est la seule possibilité d'être fidèles à cet appel qui nous est adressé. La reconnaissance du non-ego. C'est lui qui fait chanter Édith Piaf (dans les paroles ici de Michel Emer) qui reprend en un sens ce que déjà envisageait Sappho :

Sans toi, tout semble amer.
La terre est un enfer.
Tu m'es plus nécessaire que l'air.

Les blés, pour se dorer, ont besoin de lumière.
Dieu, pour être adoré, a besoin de mystères.
Le cœur des hommes, sans amour, ne battrait plus
Et moi… sans toi je suis perdue…
Le cœur des hommes, sans amour, ne battrait plus
Et moi… sans toi, je suis perdue…

Nulle exagération ici, mais le souci de dire l'amour en son épreuve la plus simple. Oui, sans toi je suis perdu. Oui, sans l'amour, rien n'a plus de sens. Laissons cet appel irradier pleinement. Quoi que nous fassions, nous avons tous un lien personnel à l'amour. Beaucoup l'ont simplement oublié. Ils sentent le manque d'amour et le vivent comme un échec et non comme une occasion d'aller plus loin, d'ouvrir plus avant leur cœur. Là où nous manquons à l'amour, nous pouvons apprendre à mieux aimer. Le sentiment de ne pas savoir aimer est la pierre de gué qui permet de traverser le fleuve de notre insuffisance pour joindre la rive.

Être exposés à l'amour nous fait sentir à quel point nous n'avons pas été assez justement aimés, à quel point nous n'aimons pas, à quel point nous sommes fermés. C'est ainsi. Faire cette expérience est une très bonne chose. Parfois, nous savons mieux aimer qu'être aimés. Parfois, c'est l'inverse. Parfois, cela change. Il faut apprendre les deux. Nous ne pouvons pas réussir à faire l'un sans l'autre.

Pour certains, le fait d'être aimés est insoutenable. Leur monde si solidement retenu s'écroule, ils se sentent vulnérables – leur cœur semble ne pas y résister.

Pour d'autres, aimer semble impossible, un trop grand risque. Celui qu'on leur dise non, qu'on leur ferme la porte au nez. Cela leur fait trop peur. Soutenir cette peur et abandonner le projet de fonder un moi admirable et admiré est cependant indispensable pour dire vraiment oui à l'amour.

11.

La grandeur de l'amour est de n'abandonner personne

L'équanimité est la capacité de l'esprit et du cœur à accueillir tout ce qui est, à aimer l'étranger comme le proche, l'ange comme la charogne, et à ouvrir ainsi son cœur sans limites.

J'aime quelqu'un, je sais néanmoins qu'il va changer, vieillir et mourir. Bien sûr cela ne peut pas me réjouir, mais l'amour requiert que je continue néanmoins à le chérir même si tout, en lui, est amené à changer et à disparaître.

Celui que j'aime peut parfois me blesser, parfois même se tromper sur qui je suis, mon amour pour lui n'en reste pas moins le même. Il n'alterne pas en fonction du bénéfice que je peux ou non en retirer, en fonction des aléas de la vie. L'amour ne varie pas selon les saisons. Il n'est pas étroit. Il inclut tout. Il inclut même ceux que je ne considère pas, même ceux que j'ai tendance à rejeter, à mettre hors du champ de mon affection.

L'amour ne s'adresse pas seulement à ceux qui nous

sont familiers. Il veut croître, s'étendre et nous faire aimer même ceux qui nous sont les plus lointains. Notre cœur aspire à s'étendre, à reconnaître en chaque être un proche. Il veut inclure tous les vivants et devenir aussi vaste que l'océan. Aussi, respecter l'amour implique de réussir à discerner en chaque être, si éloigné de nous qu'il soit, ce qui néanmoins nous lie à lui.

*

S'abandonner à l'unité de la vie

Une autre grande mécompréhension quant à l'amour nous a conduits à le croire limité au proche. Il est vaste.

Mais comment faire pour donner droit à cette ambition de l'amour ?

Apprendre l'équanimité : *l'égalité d'âme et d'humeur, l'ouverture à tout ce qui survient.*

L'équanimité est la disposition, l'atmosphère affective dans laquelle l'homme n'est plus étranger au monde et à tous les êtres qui y vivent.

L'équanimité implique d'inclure tous les visages de l'être que j'aime comme tous les êtres. Combien parmi nous peuvent se dire ouverts à tous les hommes, à toutes les façons de vivre ? Parfois c'est la société qui pratique le déni de certains aspects, de certaines communautés, et nous nous en accommodons. Il y a, en ce sens, un aspect politique de l'amour, qui discerne sans la moindre hésitation nos égoïsmes.

Le maître de méditation américain Bernie Glassman a dans ce dessein organisé des retraites de rue, où les participants vivent comme des SDF, se confrontant ainsi au rejet et apprenant à entrer en communion avec la société et ses souffrances : « Ma conscience des autres et des choses implique, écrit Bernie Glassman, qu'ils sont séparés de moi et cette situation engendre une maladie sociale, celle de la séparation… Si vous faites l'expérience de l'unité de la vie et que vous rencontrez un sans-abri dans une rue de New York, vous n'allez pas vous poser la question de savoir s'il est votre frère. Vous allez considérer la réponse comme évidente et vous vous occuperez de votre frère. Car il est vous[1]. »

La haine entre les hommes vient toujours du même mouvement : penser que l'autre appartient à une autre espèce. Notre tâche est de surmonter ces divisions et d'embrasser la vie tout entière. C'est la seule manière d'être fidèle à l'amour. Cela n'implique pas de perdre tout discernement, mais tout en considérant chaque être en sa vérité propre et en respectant nos propres sentiments, nous pouvons nous ouvrir à l'entièreté du monde. Cesser de nous couper de lui.

*

1. Bernie Glassman, *L'Art de la paix, Un maître zen engagé dans le monde d'aujourd'hui*, Albin Michel, 2000, p. 63.

Le regard objectif

Le poète Rainer Maria Rilke est arrivé à Paris en 1901. Très vite il découvre la peinture de Cézanne qui suscite en lui un choc spirituel qui le métamorphose. Dans les lettres qu'il écrit à sa femme, restée en Allemagne, il évoque sa découverte d'un poème de Baudelaire, « La charogne », qui donne une clef pour comprendre la révolution qui s'ouvre :

> J'en suis arrivé à penser que, sans ce poème, l'évolution vers le langage objectif que nous croyons reconnaître maintenant en Cézanne n'aurait jamais pu commencer ; il fallait d'abord qu'il fût là, impitoyable. Il fallait que le regard de l'art eût pris sur lui de voir dans le terrible même, et ce qui ne paraît que répugnant, la part d'être, valable autant qu'aucune autre. Pas plus qu'un choix ne lui est permis, il n'est loisible au créateur de se détourner d'aucune existence ; un seul refus, à quelque moment que ce soit, le prive de l'état de grâce, le rend absolument coupable[1].

La notion d'équanimité joue un rôle crucial dans les textes bouddhiques. Elle est décrite comme la capacité d'accommoder toute situation sans rejeter celles qui nous déplaisent. Une manière de dire oui, même à

---

1. Rainer Maria Rilke, *Lettres sur Cézanne*, Seuil, 1991, p. 62.

l'effroi, à ce qui est laid, à ce qui n'est pas digne. Le regard « objectif » dont parle Rilke, qui signe l'art de Cézanne et ouvre le champ spirituel de la modernité poétique, est de cet ordre. Il consiste à ne plus rien choisir, mais à se porter au-devant des moindres choses, de tous les êtres « sans cortège ni éclats ». À simplement les considérer.

Le regard « objectif » est un regard qui n'est ni changeant ni altéré par les sentiments personnels, mais qui, d'abord, est soucieux de ce qui est et vise à le laisser être tel qu'il est, voire le soigne si nécessaire.

Dans la tradition bouddhique, Asanga et Naropa ont eu à développer ce regard.

Asanga vécut au IVe siècle de notre ère en Inde. Voulant apprendre à donner droit à l'amour, il décida de partir en retraite. Après douze ans, découragé, il se décida à retourner dans le monde. Il n'avait pas rencontré l'amour. Sur le chemin, il aperçut un chien couvert de plaies infestées de vers. Pris d'un élan irrésistible, sans même réfléchir plus avant, Asanga s'agenouilla pour nettoyer les blessures de l'animal. Il voulut enlever les vers du chien avec ses doigts, mais il était impossible de le faire sans les écraser et les tuer. Il décida donc de s'agenouiller et de les ôter avec la bouche pour ne pas les blesser.

C'est alors que l'amour lui apparut en personne là où, auparavant, se trouvait le malheureux animal. Asanga lui demanda aussitôt pourquoi il avait attendu douze ans pour venir à lui, alors que pas un jour il n'avait cessé de l'appeler. L'amour lui dit n'avoir pas cessé d'être à ses côtés depuis le début de sa retraite, mais qu'Asanga n'avait pas réussi à le reconnaître. C'est seulement au moment où il s'était exclamé : « Comme il est simple de s'abandonner à l'amour ! Pourquoi ne l'ai-je pas fait plus tôt ? » et que, débordant d'amour, il tendit la langue vers le plus misérable des êtres qu'il put le rencontrer.

Mais l'amour, lui, est toujours là. Jamais il ne fait défaut. C'est nous, et nous seuls, qui lui faisons défaut. Pour le reconnaître, l'important est donc de donner naissance à ce regard équanime – objectif.

Après avoir pris conscience que sa connaissance restait livresque, qu'elle ne s'incarnait pas et avoir décidé de quitter l'université de Nalanda, Naropa partit à la recherche de son maître Tilopa. Il s'engagea dans une longue quête car Tilopa restait introuvable. Un jour, alors qu'il arrivait sur un sentier étroit, tracé entre des rochers escarpés et une rivière profonde, il fit face à une lépreuse sans pieds ni mains qui lui bloquait le passage.

> – Recule, lui dit-il, soucieux d'avancer au plus vite vers son maître.
>
> – Je ne peux plus bouger, lui répondit alors la lépreuse. Contourne-moi ou, si tu es pressé, saute par-dessus moi.

Plein de dégoût, Naropa se boucha le nez et sauta par-dessus la lépreuse.

Elle lui dit alors, tout en disparaissant comme un mirage :

La grandeur de l'amour est de n'abandonner personne

L'ultime que tu cherches
Est sans limites et libre de tout concept
Si tu t'accroches aux distinctions du pur et de l'impur
Au point d'être sans cœur
Comment peux-tu rencontrer un maître ?

Son regard tenait à l'écart les êtres qu'il considérait comme inférieurs. Naropa comprit alors, mais un peu tard, que la lépreuse était le maître qu'il cherchait, car elle était la possibilité d'ouvrir son cœur. Un long chemin lui restait encore à accomplir pour surmonter son arrogance.

*

Dire oui, célébrer le monde tel qu'il est

Porter un regard objectif sur le monde, c'est célébrer le monde tel qu'il est, sans le changer selon nos désirs ou nos peurs. Rilke a été profondément marqué par cette leçon qui l'a conduit à abandonner toute trace de romantisme pour apprendre ainsi à dire oui à l'existence – même en ses aspects que nous avons tendance à refuser. Voilà qui demande un immense effort et Rilke y a consacré toute son existence.

Il n'est pas facile, en effet, d'embrasser l'entièreté du réel. La tradition bouddhique a développé des exercices pour aider à laisser ce mouvement se faire en nous. Mais rien, personne, aucun outil ne peut nous transformer. Le mouvement doit se faire en nous, du plus profond de notre être. Et la manière dont il se déploie est toujours en un sens mystérieux et ne répond à aucune décision volontaire préalable : on ne peut pas décider de s'ouvrir à l'équanimité, de s'unir à l'étoffe du monde comme on peut commander une pizza par téléphone.

Cette pratique – nommée parfois *metta* de son nom pali ou *maitri* de son nom sanscrit – est l'un des grands piliers de la tradition bouddhiste.

Je l'ai reçue il y a une quinzaine d'années. J'en ai tout de suite apprécié le caractère très direct et touchant droit au cœur. Je m'y adonne souvent et l'enseigne dans la plupart des séminaires que je donne.

Elle est d'une simplicité déconcertante au point de nous donner parfois l'impression de nous ramener au niveau du jardin d'enfants. Puisque nous avons tendance à catégoriser les êtres en ceux que nous aimons, ceux qui nous sont indifférents et ceux qui nous irritent, travaillons à les inclure tous dans l'espace ouvert de notre cœur.

Pour cela, il importe de commencer par toucher à l'espace de l'amour d'une manière qui soit indiscutable.

1re étape : Entrer dans l'amour nu

Commençons par faire l'épreuve de l'amour de la manière la plus tangible et la plus simple. Vous pouvez penser à n'importe quelle situation, à n'importe quel souvenir pourvu qu'il touche votre cœur.

Me vient souvent à l'esprit le visage de cette maîtresse d'école qui était d'une infinie bienveillance à mon égard et je me souviens plus particulièrement d'un moment où, lors d'une sortie, je m'étais perdu, suscitant l'affolement. Quand elle m'a retrouvé, j'étais aussi penaud que triste. Au lieu de m'en vouloir et de me faire les remontrances auxquelles je m'attendais, elle m'a pris dans ses bras avec une immense douceur, puis elle a mis ma main dans la sienne et nous sommes rentrés ainsi.

Peu importe que ce moment soit très ancien ou vous soit arrivé le jour même.

Ne pensez pas à une personne, mais à une situation précise.

L'expérience de la nature, où l'homme retrouve un lien à tout ce qui est, peut aussi être un excellent point de départ. Souvenez-vous d'un moment où vous étiez dans la nature et où vous vous êtes senti soulagé. Souvenez-vous de l'atmosphère qui régnait alors. Ne jugez pas votre expérience. Ne réfléchissez pas à l'avance. Laissez venir ce qui vient.

Cette première étape consiste à éprouver le plus personnellement possible l'atmosphère de l'amour, dans lequel vous pouvez vous baigner. Ce qui compte n'est pas l'intensité de l'expérience, mais son évidence.

2e étape : S'inclure dans le champ de l'amour

L'amour, pour naître, a besoin d'un terreau fertile. Il est comme un arbre qui ne peut pousser sur le béton de la désespérance.

Or la seule terre où il peut naître est soi – au sens de l'amour de soi.

Il importe que l'amour commence par nous inclure en lui, car sans cela il lui manque un sol pour s'élancer amplement et répondre à l'immensité qui l'appelle.

La plupart d'entre nous sommes des mutilés de l'amour. Nous ne nous aimons pas ou en tout cas pas assez. Voilà un bon point de départ. Prenons cette douleur dans nos bras. Aimons-nous et tout particulièrement aimons notre faiblesse.

3e étape : Inclure ses proches

Une fois l'amour établi, incluez-y quelqu'un qui vous est cher. Un ami proche, un enfant ou un parent. Pensez à quelqu'un qu'il vous est particulièrement aisé d'aimer. Dès que vous pensez à lui, votre cœur s'anime. L'important est de surmonter les sédiments de lassitude qui vous étreignent.

Laissez l'amour s'élever plus avant, s'élever sans effort et dire : « Puisse-t-il être heureux, être pleinement ce qu'il est, ne connaître aucun obstacle. » (Vous pouvez remplacer le « il » par le prénom de la personne évoquée et le répéter plusieurs fois pour vous la rendre plus présente.)

Ainsi, laissez quelques minutes votre cœur s'épancher dans cette évidence.

4e étape : Ouvrir l'amour à l'espace du monde

Ne vous arrêtez pas là, élargissez ce sentiment aux personnes auxquelles vous ne prêtez pas attention. Vous pouvez inclure les gens qui sont présents dans votre maison, puis dans votre quartier, dans votre ville. Prenez le temps d'étendre votre amour à l'univers tout entier. Après tout, pourquoi tous les êtres ne seraient-ils pas heureux, ne connaîtraient-ils pas la paix du cœur…

Vous pouvez ensuite, si c'est possible, inclure des êtres qui vous cassent les pieds, et même ceux qui vous font souffrir. Tentez de les inclure dans cet espace immense.

Lorsque quelqu'un m'a fait du mal, je tente de l'évoquer dans la pratique. En le faisant, souvent je ressens sa douleur, l'enfermement qui l'étreint et le conduit à agir ainsi. Peu à peu, je me sens moins marqué par le ressentiment.

Le sens de cette pratique est de rendre à l'amour ses deux dimensions : l'une qui nous touche intimement et l'autre qui soit vaste. Privé de la première, l'amour manquerait de chaleur ; privé de la seconde, il serait, comme le chante Julien Clerc, « ma préférence à moi ».

Cet exercice peut sembler artificiel et gêner, pour cette raison. Il importe de comprendre que ce qui semble simulé, restaure en vérité notre lien naturel avec nos proches et tous les êtres qui vivent sur cette terre. Nous faisons un effort, certes, mais dans le seul dessein de retrouver cette disposition du cœur que nous avons quelque peu perdue. Nous évoquons ce sentiment d'amour de manière délibérée, mais quand il est là, nous n'avons alors rien à faire, nous retrouvons un état d'être que nous connaissons.

Notre effort est, en réalité, à la mesure de celui que nous faisons, sans nous en rendre compte, pour dire non à l'amour, pour fermer notre cœur, pour ne plus rien sentir du lien profond qui nous relie à tous les êtres. C'est ce geste qui est factice – même s'il nous est habituel !

*

L'équanimité comme liberté

Cette expérience d'amour équanime est l'épreuve la plus radicale qui soit de la liberté. Nous pensons généralement la liberté du point de vue de la volonté : « Je suis libre parce que je fais ce que je veux. » Mais la liberté n'est pas une sorte de caprice qui nous pousse à faire un choix plutôt qu'un autre, ni une absence de contrainte relative à nos possibilités d'action ou d'inaction. Elle répond à ce qui est en le reconnaissant et en l'invitant à exister pleinement. Laisser être la fleur, le rossignol comme la mouche. La liberté est, en ce sens, la tâche qui incombe à l'homme et à lui seul, car il a à répondre de tout ce qui est.

Notre époque qui veut n'avoir de rapport aux êtres et aux choses, à la nature et au monde, que sous le mode de l'appropriation, du calcul et de l'utilité refuse la liberté.

Nous n'aimons plus l'eau, la terre et le vent. Nous n'avons plus qu'un rapport d'intérêt avec eux.

Chaque être humain est chosifié, c'est-à-dire restreint à un ensemble de données si possible informatisables et mesurables. Ce rapport régi par le calcul nie la vérité de notre existence qui a partie liée au secret infini qui nous constitue. Notre rapport à tout ce qui est se trouve pris d'avance dans un projet qui nous dépasse et auquel nous sommes soumis. Nous sommes tous esclaves de cette volonté de domination.

L'équanimité est le visage de la liberté comme fidélité à ce qui se manifeste au sein de l'ouvert, refus de le saisir d'emblée, de le réduire à des données que je peux dominer. Je suis libre pour autant que j'apprenne à laisser libre chaque être, c'est-à-dire pour autant que je le laisse être ce qu'il tente d'être.

L'amour, dans son souci que chaque être soit et que chaque être soit pleinement heureux, peut seul donner une juste direction à la liberté. Il est le nom même de la liberté.

12.

Existe-t-il un pur amour ?

Est-il possible d'aimer sans rien attendre en retour ? Ce fut l'évidence pour Mme Guyon, l'une des femmes les plus étonnantes du XVIIe siècle. Elle l'écrivit. Elle fut condamnée par l'Église et le pouvoir qui eurent peur d'un tel amour qui échappait à toute volonté de domination et de puissance. Qui rendait libre.
En condamnant Mme Guyon et son disciple Fénelon, l'Occident a tourné le dos à l'amour. Il n'y croit plus. La rentabilité, l'efficacité, la religion morale sont désormais son credo.

Le 16 mars 1699, après un long et retentissant procès, le pape Innocent XII condamne les vingt-trois propositions de Fénelon sur le « pur amour », tandis que Bossuet a fait embastiller Mme Guyon. Mme Guyon et Fénelon ont cru pouvoir affirmer l'existence d'un état de pur amour. Pour l'Église, cela ne peut que saper le pouvoir qu'elle revendique sur les fidèles : non, l'amour seul ne peut rien, il faut suivre le magistère de l'Église pour atteindre le salut.

Ce combat de la mystique (ou spiritualité authentique) contre l'Église officielle a été alors perdu. Désormais très rares seront ceux qui savent ce qu'elle est, au point que ce beau mot de « mystique » a un sens presque exclusivement péjoratif. Il est devenu un terme repoussoir désignant une attitude floue, nébuleuse, voire par exemple chez Freud une « auto-perception obscure[1] ».

En vérité, la mystique est la description de l'expérience humaine en sa profondeur et sa singularité. Elle échappe tout à la fois à la description objective scientiste, à la morale habituelle, aux discours de foi religieux, comme à tout discours normatif. Pour elle, la vérité de l'amour comme de quoi que ce soit qui nous concerne ne peut pas être étudiée, présentée, vécue hors de l'expérience propre à chacun. Rien de plus rigoureux et de plus exigeant que cette approche, et les grands auteurs mystiques dessinent une carte de l'esprit humain d'une extrême précision que des psychanalystes tels que Jung ou Lacan comme de nombreux anthropologues ont étudiée avec le plus vif intérêt. La mystique est au cœur de l'œuvre de nombre des plus grands poètes de notre temps.

La mystique étudie l'esprit et le cœur humains avec une subtilité inégalée – puisqu'elle ne se fonde sur aucun discours, sur aucun dogme, mais sur l'expérience la plus directe.

---

1. Sigmund Freud, « Résultats, idées, problèmes », in *L'Arc*, n° 34, 1968, p. 70.

Alors que la religion tend souvent à poser l'individu dans les murs de sa loi, de le tenir en des liens sûrs, la mystique le renvoie à lui-même, le pousse à risquer la liberté. Pour elle, c'est uniquement dans notre expérience que peut se révéler le visage de l'ultime.

Quelques pratiques peuvent nous aider à donner droit à l'amour – développer une attention nue envers tout ce qui survient ; libérer en nous l'aspiration à ce que tous les êtres connaissent le vrai bonheur, ou encore cultiver un sens d'équanimité. Mais l'essentiel est-il d'intensifier ces efforts ? N'y a-t-il pas dans l'amour une dimension de non-effort radical ?

C'est elle que je voudrais à présent examiner. Si la vérité de l'amour s'éprouve dans le plus entier des abandons, alors qui aime ? Autrement dit : qu'est-ce qui aime quand j'aime ? Est-ce moi qui aime ? Ou est-ce l'amour qui aime à travers moi ?

N'ayons pas peur de tels questionnements. Je ne cherche pas à décrire un état inatteignable. Je voudrais simplement témoigner, au niveau ordinaire qui est le mien, combien la vision de Mme Guyon peut nous aider très concrètement. Un jour, j'ai commencé à la lire et elle m'a bouleversé. À sa lecture, une dimension de l'amour que je n'avais pas même envisagée s'est ouverte à moi. J'aimerais la partager avec vous.

*

Le courage d'être soi, l'engagement dans l'amour

De la soumission de l'enfance à celle du mariage

Commençons par raconter la vie de cette femme hors du commun qui affronta le machisme et l'intolérance de son temps.

Jeanne Bouvier de la Mothe naît le 13 avril 1648, à Montargis. Elle est issue d'une grande famille de la noblesse française. Étant une fille, elle reçoit, comme il est coutume à l'époque, une éducation sommaire. De plus ses parents sont convaincus, étant donné sa santé fragile, qu'elle ne vivra pas, et par conséquent ils ne s'en occupent guère[1].

Très vite, marquée par une forte aspiration spirituelle, elle souhaite entrer dans les ordres. Mais en ce temps, les jeunes filles de bonne famille ne sont pas consultées quant à la direction de leur vie. Sa famille décide de la marier contre son gré, et pousse le mépris de son sentiment jusqu'à lui faire signer à son insu son contrat de mariage. Le 28 janvier 1664, elle épouse donc Jacques Guyon du Chesnoy, un homme de vingt-deux ans son aîné. Elle n'en a alors que seize. Sa nouvelle famille manque de tout raffinement et de largeur de vue. À la différence de la sienne, elle vit de manière mesquine. Le mari

1. *La Vie de Madame Guyon par elle-même*, Dervy, 1983. Françoise Mallet-Joris a consacré une très belle biographie à Mme Guyon : *Jeanne Guyon*, Flammarion, 1978.

est violent, la belle-mère haineuse. Dans un tel environnement, sa vie est une longue souffrance. Les rares moments où elle voudrait se recueillir pour prier lui sont interdits. Elle est surveillée en permanence. Des années plus tard, revenant sur cette période, elle écrit que sa condition dans le mariage fut « plutôt celle d'une esclave que d'une personne libre ».

Son désespoir est de plus en plus violent, jusqu'à ce qu'elle rencontre un franciscain, du très beau nom d'Archange Enguerrand. Elle se plaint à lui de son malheur qui la prive de tout rapport à Dieu. Il lui répond : « C'est, madame, que vous cherchez au-dehors ce que vous avez au-dedans. Accoutumez-vous à chercher au-dedans ce que vous avez au-dehors. Accoutumez-vous à chercher Dieu dans votre cœur, et vous l'y trouverez. » Lorsqu'elle entend ces paroles, elle n'a que dix-huit ans, mais ces mots, dit-elle, « furent pour moi un coup de flèche qui perça mon cœur de part en part. Je sentis dans ce moment une plaie très profonde, autant délicieuse qu'amoureuse, plaie si douce que je désirais n'en guérir jamais ».

Nous aussi, écoutons cette phrase qui est la clef de toute mystique ou spiritualité authentique : l'essentiel est dans notre propre cœur. Apprendre à en trouver le chemin, voilà la véritable discipline. Cette invitation semble presque trop évidente, et l'on aurait tendance à ne pas la prendre au sérieux. Pourtant, qui aujourd'hui parle et agit en touchant son cœur, en étant simplement en contact avec lui ? Sans même parler de la dureté des rapports humains, devenus rapports sociaux, quand un proche réussit-il à nous parler simplement dans la véritable tendresse, en étant en rapport à nous ? Nous passons notre temps à tenter d'accomplir des projets, de réussir des tâches, qui peuvent avoir certes une grande vertu, mais qui nous font aussi passer outre l'essentiel et tout manquer de l'amour.

En 1670, ses trois enfants attrapent la variole et son fils cadet meurt. La maladie étant contagieuse et grave, le père de Mme Guyon voudrait qu'elle s'éloigne, mais son mari, dans sa malsaine cruauté, impose qu'elle reste. Elle contracte la maladie et après avoir touché de près la mort, reste défigurée. Elle vit cette épreuve, qui lui enlève toute beauté, comme une épreuve spirituelle et une forme de libération des jeux de la séduction.

En 1671 a lieu à Paris sa première rencontre avec François La Combe, avec lequel se nouera dix ans plus tard une profonde amitié. Il la met en contact avec la grande tradition mystique d'Occident. L'année suivante elle perd sa première fille, et son père, qu'elle chérissait. En 1676, alors qu'elle atteint ses vingt-huit ans, son mari meurt. Il lui aurait dit, dans un sursaut de lucidité : « Je ne vous méritais pas. »

Veuve et libre

Être veuve à vingt-huit ans, voilà qui est souvent, à cette époque, une chance. C'est une des manières pour une femme de gagner un peu de liberté. À la tête d'une grande fortune, délivrée des obligations, Mme Guyon peut enfin suivre sa route.

Malgré toutes les pressions, elle refuse désormais de se remarier. Jusqu'alors, on a disposé d'elle comme d'un colis, sans aucun respect pour son affectivité, son intelligence, ou même ses goûts les plus simples, imposant jusqu'aux pensées qu'elle devait formuler. La femme du XVIIe siècle, en tant qu'épouse, ne peut s'adonner qu'à l'économie domestique et aux arts d'agrément. Une veuve a la liberté d'agir à sa guise.

Après deux ans de soumission à sa belle-mère, elle part, achète une demeure puis décide de fonder une congrégation religieuse. Elle rencontre Mgr d'Arenthon, évêque de Genève, qui convoitant sa fortune la dirige vers Gex, où un nouvel institut vient d'être fondé. Mme Guyon comble l'œuvre de dons, mais refuse de s'y engager par des vœux. L'évêque la met en demeure de partir ou de rester. Elle part. Une campagne de calomnie est aussitôt déclenchée contre elle.

Elle se réfugie chez les ursulines de Thonon où elle passe deux années décisives. Elle approfondit sa pensée et décide de transmettre son expérience. Elle écrit *Les Torrents spirituels*, où elle compare l'âme spirituelle à un torrent, animé d'une rapidité qui fait frayeur au plus assuré, qui coule en tous sens, ne possédant rien – ni belles rives ni grands navires – tant il est impatient de rencontrer la mer. À cette époque, écrire sur des sujets religieux est en soi périlleux. Mais pour une femme, laïque de surcroît et liée à aucun ordre religieux, le danger est extrême, d'autant plus que la démarche spirituelle de Mme Guyon est éminemment personnelle, reposant d'abord sur son expérience.

Redécouvrir le sens de la prière : l'oraison

Sa découverte essentielle est la pratique de l'oraison qui a des noms tous plus beaux les uns que les autres : oraison de simple regard, oraison de simplicité, oraison du cœur, oraison de simple remise en Dieu. L'important est de suspendre les prières vocales pour se tenir en silence dans la présence la plus simple, sans rien faire ni attendre. Cette pratique de l'oraison de simplicité présente d'étonnants parallèles avec la pratique de la méditation de l'attention ouverte que j'ai évoquée plus haut.

L'essentiel de son chemin devient désormais de suspendre toute demande, toute attente, tout espoir, pour simplement s'en remettre à ce qui est. Une anecdote est révélatrice de cet engagement. Sa belle-mère lui explique un jour que les affaires familiales allant mal, elle devrait prier pour qu'elles s'arrangent. Mme Guyon lui répond aussitôt qu'elle ne saurait demander à Dieu des attentions aussi triviales.

La plupart des gens croient que parce qu'on évoque Dieu, on est en rapport à une dimension spirituelle sans se rendre compte que, le plus souvent, ce Dieu évoqué n'est qu'un alibi à l'égocentrisme et à la volonté de tout dominer. Dieu n'est alors qu'une sorte de grigri ou de fétiche et la plupart des attitudes religieuses ne sont que des formes de consumérisme. Opposer la religion à l'athéisme n'est qu'un jeu de l'esprit, bien confortable. La véritable séparation ne se situe nullement à ce niveau extérieur, mais dans l'attitude intime de chacun.

On peut aller à la messe tous les jours et être dans une attitude de consommation égocentrique qui n'a rien à envier à l'« accro » du shopping ou au dirigeant d'entreprise assoiffé de pouvoir. Les artistes qui ont fait les cathédrales ne s'y sont pas trompés lorsqu'ils ont représenté brûlant dans les enfers nombre de moines repus et d'évêques. La vérité des cœurs n'est pas sanctionnée par les institutions humaines.

Pour Mme Guyon, prier Dieu pour obtenir un apaisement de ses soucis quotidiens est indécent. Ce refus de toute prière de demande choque. Car affirmer que les seules prières possibles sont celles d'adoration silencieuse contredit alors le dogme de l'Église. L'opposition est profonde. La voie de l'oraison telle que la pratique Mme Guyon implique de renoncer aux constructions intellectuelles qui bloquent l'entrée dans l'amour. « L'oraison n'est autre chose que le sentier du Paradis, et le sentier du Paradis est l'oraison, écrivait-elle, mais une oraison du cœur, dont tout le monde est capable ; et non ces raisonnements qui sont un jeu de l'esprit, un fruit de l'étude, un exercice de l'imagination[1]. »

Dans cet état « le discours intérieur se simplifie jusqu'à s'abolir ». La langue de Mme Guyon, qui fait entendre ce très beau français du Grand Siècle, lui fait décrire ainsi cette expérience : « Le suspens peut aller jusqu'à la ligature des puissances, c'est-à-dire l'impuissance à former des pensées. » Ainsi le sommet de la recherche spirituelle est une façon de s'abandonner à

1. *La Vie de Madame Guyon par elle-même*; *op. cit.*, p. 45.

une présence ample et vivante, où nous ne sommes plus alors concernés par nous-mêmes.

La difficulté pour comprendre une telle vision est qu'il n'y a aucun effort à faire – puisque le chemin consiste précisément à cultiver une absence d'effort. Le voyage spirituel commence par un retour à la maison : rentrer en soi et y plonger jusqu'à toucher le fond qui est une ouverture illimitée. Cette remarque est décisive. Rentrer en soi n'a rien à voir avec le fait d'être en rapport à notre moi profond, à une intériorité exclusive. En entrant en soi, on découvre l'illimité, le secret gardé par notre propre être. Plus je médite ces paroles, plus elles me semblent décisives. Quand je m'arrête et prends le temps du silence vivant, je touche à l'immensité la plus universelle et la plus personnelle. Rien de plus simple mais aussi de plus difficile – comme notre tendance à nous agiter et à être toujours affairés en témoigne.

Après plusieurs voyages tout particulièrement à Gex, près de Genève, où elle refuse de devenir supérieure d'un couvent éduquant des converties du protestantisme, Mme Guyon se rend à Grenoble. Sa réputation la devance et un public nombreux vient l'écouter : « Je discernais l'état des âmes des personnes qui me parlaient, et cela avec tant de facilité qu'elles en étaient étonnées, et se disaient les unes aux autres que je leur donnais ce dont elles avaient besoin. » Dans cette ville, elle écrit en 1684 un second ouvrage, *Moyen court et très facile de faire oraison*. Son souhait est de faire sortir la vie mystique et contemplative des cloîtres pour la faire entrer dans la vie de tout un chacun, estimant chaque fidèle, même ceux n'ayant aucune éducation, digne et capable d'atteindre la vérité de l'amour. Ce livre connaît aussitôt un grand succès.

Elle commence à être tenue pour une sainte par les uns – des gens simples qui trouvent dans ses propos une direction qui les concerne vraiment –, pour une sorcière, une hérétique ou une insensée par les autres – surtout les clercs dont elle menace la puissance.

*

La provocation de la liberté, seule façon de garder l'amour

Le problème de fond pour comprendre Mme Guyon est qu'hier comme aujourd'hui, ce que nous pensons de la spiritualité est le plus souvent erroné. La spiritualité nous semble une réponse pour trouver un plus grand confort en nous élevant au-delà des contingences matérielles. Telle n'est pas la voie que choisit Mme Guyon. Aucune morale, aucun enseignement n'est à la hauteur de la tâche qui, selon elle, nous incombe : être tout entiers fidèles à la vérité de l'amour. La spiritualité, s'il faut garder le terme, est l'aventure la plus héroïque qui soit.

Vous n'avez pas besoin qu'on vous dise ce que vous devez faire. Obéir à d'autres. Suivre des règles. Avoir un gourou ou un loup-garou. Vous devez favoriser la venue en vous de cette véritable liberté intérieure qui seule mérite le nom de « liberté ». Peu importent les convenances et les règles morales. Elles peuvent aisément être des pièges et vous conduire à fermer les yeux sur la barbarie. Je crois qu'il n'est pas exagéré de dire que la plupart des gens qui se veulent révolutionnaires, en restant prisonniers d'oppositions tranchées, sont d'un grand conformisme, à côté de Mme Guyon. Ils ne remettent rien de décisif en question. Ils ont peur de l'immensité. Elle non.

Ils restent prisonniers de concepts connus, de schémas de pensée plus ou moins grossiers. Elle non.

Ils se sentent menacés dès qu'on les questionne réellement. Elle non.

Elle sait que seul celui qui s'appuie sur sa force intérieure peut dire non à la barbarie et ne pas abdiquer par peur ou par ambition.

Et si la grande leçon de Mme Guyon était que l'amour seul, en tant qu'il est infini, donne le véritable courage et la détermination ? Que seul l'amour est authentiquement révolutionnaire ?

Mme Guyon a les pieds sur terre, et ne correspond en rien à l'image de la mystique éthérée qu'on pourrait avoir. Avec un bon sens remarquable, elle s'occupe des affaires héritées de sa famille. Les évêques lui tendent de nombreux pièges pour prendre possession de ses biens, elle les déjoue. Elle est parfois obligée de céder sur l'accessoire, finit par se laisser en partie dépouiller, mais sans jamais lâcher du lest sur son engagement spirituel et sa mission. Elle ne fait aucune compromission. La haine qu'elle suscite est à la hauteur de la provocation de son enseignement, de sa confiance absolue en la dignité de chaque être humain.

Bref séjour à la cour

En 1686, Jeanne Guyon arrive à la cour de Louis XIV. Rappelons que la cour de Versailles est loin d'être aussi magnifique qu'on le croit ; elle est une formidable entreprise d'humiliation. Louis XIV a été profondément marqué par la Fronde, cette rébellion des nobles contre le pouvoir central. Il n'aura de cesse, en réaction, de briser la puissance des nobles. La cour de Versailles est l'invention d'un homme déterminé à éliminer la noblesse.

Louis XIV sait qu'il existe deux façons de transformer les hommes en laquais : les obligations et les plaisirs. Il utilise l'une et l'autre avec une grande dextérité.

Pour les obligations, il invente l'étiquette, chaque jour plus pesante, plus minutieuse. Elle constitue une méthode de dressage. La faveur la plus infime aura son prix, suscitera la jalousie, voire le désespoir.

Les plaisirs impliquent le jeu, par exemple des loteries engageant des sommes colossales. Une des plus importantes, en février 1681, monta à un million d'écus, et passionna, dit-on, la France entière. Bossuet, président du tirage, cacheta les sacs – ce qui n'est pas la moindre inconséquence de ce grand homme qui donna des leçons de vertu à tous. Cet évêque, qui attaquera Mme Guyon au nom de l'Église et de la vérité spirituelle, eut grande fierté à présider une tombola royale !

Il existait également à la cour un système de charges honorifiques absurdes, telles que « gouverneur des carpes de Sa Majesté » ou encore « chef du gobelet de la reine ». L'obtention de pareils titres se faisait évidemment contre espèces sonnantes et trébuchantes.

C'est dans cette situation de corruption généralisée qu'arrive Jeanne Guyon.

Premier enfermement

Deux ans plus tard, Mme Guyon est assignée à résidence forcée au couvent de la Visitation, du 29 janvier au 15 septembre 1688. On la sépare de sa fille qui n'a alors que douze ans, sans doute parce qu'elle refuse de la donner en mariage au petit-neveu de l'archevêque de Paris, qu'elle trouve d'une moralité douteuse. On veut l'intimider et la faire plier.

Son attitude est révélatrice. D'un côté, elle ne se défend pas, paraît même indifférente à son sort et se laisse faire. Mais de l'autre, elle ne cède en rien sur ses convictions. On fabrique des fausses lettres qui pourraient la faire condamner d'hérésie puis de crime contre l'État. Elle dénonce la manipulation avec une impressionnante fermeté.

La Combe, son cher conseiller, est arrêté sur ordre de l'archevêque Harlai de Chanvalon, qui l'accuse d'être un prêtre séducteur. Il meurt, frappé de folie, à l'hospice de Charenton où il a été transféré depuis Pau, non sans clamer qu'il n'existe qu'une sainte véritable : Mme Guyon.

Ni Bossuet ni Fénelon ne sont encore mêlés à ce premier épisode. Mais l'on peut y voir les débuts de la machination visant à détruire cette femme qui souhaite vivre son expérience mystique en dehors de tous les cadres établis et la communiquer sans aucun truchement.

Elle est délivrée en septembre de la même année, sur intervention de Mme de Maintenon, la maîtresse de Louis XIV, qui lui sera un temps favorable. S'ouvre alors une des périodes heureuses de la vie de Mme Guyon. Elle s'installe à Saint-Cyr, cette institution pour jeunes filles de la noblesse pauvre que dirigeait Mme de Maintenon. Là, elle forme un petit cénacle qui comprend nombre de nobles de tout premier plan. Elle y développe sa vision sur l'oraison de silence, sur l'état de foi nue et sur l'état d'enfance. Elle marque les cœurs. L'abbé Tronson, supérieur de Saint-Sulpice, en témoigne : « Sa conversation a opéré des effets de grâce si extraordinaires qu'on ne peut pas ne pas croire qu'elle est remplie de l'esprit de Dieu. »

*

La querelle du pur amour

La grande rencontre avec Fénelon

Un événement capital survient alors dans la vie de Jeanne Guyon et il va prendre le visage d'une rencontre avec François de Salignac de la Mothe-Fénelon.

Fénelon est le jeune disciple et ami de Bossuet (il est de vingt-quatre ans son cadet). Leur amitié a compté dans la nomination de Fénelon comme précepteur du duc de Bourgogne, le petit-fils du roi. Fénelon est alors un personnage considérable à la cour. Gentilhomme d'une intelligence inouïe, c'est un homme fin et mesuré. Contre toute attente, cet esprit méticuleux devient le disciple de cœur de Mme Guyon.

Dès l'automne 1688, une correspondance s'établit entre eux. Mme Guyon entretient Fénelon de l'« union de filiation intime » qui existe entre elle et lui. Elle lui ouvre la porte de la mystique qui, expliquera-t-il plus tard, lui était restée jusqu'alors fermée.

Ce qui surprend est la manière dont la rencontre d'un maître de sagesse ne répond à aucun critère habituel. Sur tous les plans en effet, ces deux êtres s'opposent. Sur le plan affectif, si Mme Guyon est un être solaire, enthousiaste, Fénelon est un homme austère. Il ne peut qu'être réticent à l'égard de la personnalité de Jeanne Guyon, de l'emphase de ses écrits, de sa candeur qui pourrait sembler mièvre. Et pourtant… Bouleversé par son enseignement, il se met à son écoute. Il la questionne, l'interroge, la comprend. Mme Guyon trouve en lui un vrai et magistral disciple. Saint-Simon résuma leur liaison en trois mots : « Leur sublime s'amalgama. »

Fénelon, qui jouit d'un grand pouvoir, reconnaît une fois pour toutes qui est Mme Guyon. Il lui sera fidèle jusqu'à la mort. Et, parce qu'il fait ce choix, il perd les honneurs et les biens qu'il aurait pu conserver s'il avait accepté de la renier, comme on le lui demandait. Sa fidélité, comme on le voit, n'est pas sentimentale ou même amicale, mais fondée sur le souci de la vérité que Mme Guyon lui a transmis.

Mme de Maintenon a d'abord été touchée par cette femme et par sa doctrine. Cette présentation d'une voie d'entrée directe dans l'amour lui est sans doute apparue comme un soulagement par rapport à tous les efforts qu'on lui demande de faire et qui ne conduisent qu'à toujours davantage de peurs. Bien vite cependant, elle commence à comprendre que cette doctrine révèle de façon impitoyable les manipulations permanentes de l'amour-propre. Elle n'est pas prête à de telles remises en cause. Cette approche lui semble bien trop exigeante et, ne voulant pas être prise en défaut, elle cherche à s'en éloigner.

C'est une figure classique de toute transmission réelle : vous êtes touché par un enseignement, il vous inspire authentiquement ; mais au moment où vous découvrez que vous devez abandonner quelque chose pour le suivre, que certains aspects de vous doivent être laissés sur la route, que vous risquez de perdre certains avantages sociaux, vous vous crispez et finalement vous vous retournez contre cet enseignement et celui ou celle qui vous l'a présenté.

Godet des Marais, diocésain et directeur de Saint-Cyr, jaloux de l'influence de Mme Guyon, travaille dans le même temps à la perdre dans l'estime de sa protectrice. Il fait admettre dans le cénacle deux dames complices et quand il a enregistré, sous leur dictée, un assez bon nombre de propositions qu'il juge hérétiques, il confisque les ouvrages d'elle qui se trouvent à Saint-Cyr et décide de la faire condamner. Mme de Maintenon lui retire son soutien, soulagée de pouvoir à si bon compte se débarrasser de cette femme qui commençait à lui peser.

Le jugement

Mme Guyon, objet d'intenses calomnies, demande à être jugée. Sur ordre du roi, Bossuet, le cardinal de Noailles et l'abbé Tronson se retrouvent pour examiner ses livres. Ce que l'on a appelé la « conférence d'Issy » (1694-1696) condamne trente-quatre de ses propositions comme étant « quiétistes[1] ».

Cependant, à la demande de Fénelon, est confirmée la justesse des principes de la perfection mystique atteinte par quelques grands saints, tels sainte Thérèse d'Avila ou saint François de Sales – et à laquelle Mme Guyon se rattache. La querelle semble apaisée.

Fénelon reste le protégé de Bossuet qui le sacre archevêque de Cambrai, en 1695. Mais le 27 décembre de cette même année, Mme Guyon est arrêtée et internée à Vincennes puis conduite à la Bastille. Entre les deux ecclésiastiques, la querelle reprend, jusqu'à la rupture. Mots d'esprit, moqueries, tous les procédés les plus bas sont utilisés pour ridiculiser la perspective de Jeanne Guyon. Comme l'écrit Daniel-Rops, la polémique contre le « pur amour » et la lutte contre Fénelon firent perdre à Bossuet « le sens de la mesure et de la charité

1. Le terme fait référence à la pensée de Molinos (1628-1696), prêtre espagnol qui invitait à la contemplation permettant l'union à Dieu, et qui fut condamnée comme hérésie en 1687 par le pape.

même » et l'empêcha de voir que « condamner tout le mysticisme », c'était « priver l'expérience chrétienne des perles de sa couronne, et la réduire à un moralisme et à un dogmatisme desséchants[1] ».

Bossuet parvient à convaincre le roi de disgracier Fénelon et de l'assigner à résidence. Fénelon est exilé dans le diocèse de Cambrai le 1er août 1697, puis déchu du préceptorat. Le roi, avec insistance, demande à Rome de proclamer sa doctrine hérétique. Le 12 mars 1699, le pape Innocent XII s'exécute et condamne vingt-trois propositions tirées de l'*Explication des maximes des saints*. Fénelon lit sa condamnation en pleine cathédrale. N'ayant plus d'autre choix, il décide de se soumettre solennellement avec une grande humilité. La dignité qu'il manifeste lui gagna tous les cœurs et tira, dit-on, les larmes de l'assistance. Sa carrière était finie.

*

Le règne de l'intérêt : quand l'amour devient négligeable

Le crépuscule des mystiques

Par cette condamnation, le pape Innocent XII nie la possibilité d'un état d'amour sans « aucun mélange du

1. Daniel-Rops, *L'Église des temps classiques*, Fayard, 1958, p. 305 et suiv.

motif de l'intérêt propre », d'une vie contemplative où se perdrait tout motif intéressé de crainte et d'espérance.

Le problème de cette condamnation récurrente au XVIIe siècle du quiétisme est que personne ne s'est jamais revendiqué être l'adepte d'une forme de « quiétude » qui le mettrait à l'abri de toute difficulté, de toute émotion – une sorte d'indifférence niaise. Le terme est employé uniquement par ceux qui cherchent à dénigrer la vérité mystique. « Quiétiste » est une étiquette imposée à des hommes et des femmes soucieux des trésors qu'elle recèle. C'est un peu comme le terme de « fauvisme » qui désigna ce courant nouveau de peinture qui émergea en 1905, en partie avec Matisse, Derain et Braque, et qui était dû au critique Vauxcelles qui voulait ridiculiser cet art. Terme que Matisse récusa toujours.

Là où l'Église parle de quiétisme, elle désigne de manière péjorative la mystique authentique – que l'on retrouve aussi bien chez Maître Eckhart, Angelus Silesius que Fénelon. L'amour véritable, nous disent-ils, ne réside pas dans la tension entre un sujet et un autre sujet – objet de son désir –, mais dans une unité première, que certains nomment « non-dualité ».

Avec la condamnation de Mme Guyon, l'Occident change de visage ; la mystique qui le constituait n'est plus comprise. À la mystique de l'amour, l'Occident préfère celle de l'efficacité. Ne doivent plus régner désormais que l'effort humain, le règne de la volonté, la volonté de puissance. Le souci d'un abandon, d'une ouverture entière du cœur semble une déviation dangereuse. L'Occident s'engage désormais dans un rationalisme qui fait le lit de l'absolutisme, et du contrôle moral des consciences. C'est-à-dire tout ce qui est mesurable.

L'Occident abandonne l'amour, qu'il enferme dans des états psychologiques précaires et accessoires. Or, ce qu'a essayé de montrer Mme Guyon avec la simplicité du désespoir, c'est que l'amour est possible, qu'il est le tout de la vie, et qu'il existe un « moyen court » pour lui donner droit – s'y abandonner. Ce profond délassement du cœur est perçu par ses détracteurs comme un laxisme qui empêche d'agir « activement ».

Mettez-vous au travail, faites des efforts. « Le temps, c'est de l'argent », dit Benjamin Franklin[1]. L'amour est négligeable.

Voilà la devise de notre monde.

Henri Brémond (1855-1933) a été l'un des tout premiers auteurs à s'opposer à la tradition universitaire qui, s'accordant avec la tradition ecclésiastique, mettait les torts dans le conflit du quiétisme du côté de Fénelon. Les mieux disposés à son égard cherchaient à l'excuser en mettant son engagement dans la doctrine du pur amour sur le compte de l'influence néfaste exercée par Mme Guyon. En me plongeant dans les textes du XVIIIe, du XIXe et du début du XXe, j'ai été choqué par la violence dirigée contre elle.

Le cas était entendu : Mme Guyon était une illuminée

1. Sur le sens de cette phrase de Benjamin Franklin, la vision théologique qui la sous-tend, son rapport à la pensée de Calvin et sa manière d'ouvrir les temps nouveaux, cf. Olivier Abel, *Jean Calvin*, Pygmalion, 2009.

qui avait perdu pied, une manipulatrice. Déjà Louis de Jaucourt, dans l'*Encyclopédie* de Diderot et d'Alembert, la présente comme « une femme, sans crédit, sans véritable esprit, et qui n'avait qu'une imagination échauffée » la plongeant dans des « rêveries mystiques ». Un certain Eugène Levesque en 1914, dans la très officielle *Revue d'histoire de l'Église de France*, la décrit comme « une personne pieuse, vertueuse même, très intelligente, qui avait beaucoup retenu de ses nombreuses lectures d'ouvrages mystiques, mais une malade, une névrosée, qui s'est crue une grande mystique, qui, par suggestion ou simulation hystérique, a obtenu certaines contrefaçons des états mystiques[1] ».

L'*Histoire littéraire du sentiment religieux en France* qu'écrit Brémond a été pensée, en grande partie, comme une entreprise consacrée à réhabiliter Fénelon et Mme Guyon. Pour cela, Brémond redécouvre un continent oublié : toute la mystique du XVIIe. Il exhume, consulte et présente des ouvrages oubliés. La condamnation de Mme Guyon lui apparaît de plus en plus clairement comme provenant de la cécité de l'Occident qui ne comprend plus rien à l'amour – et au don de soi qu'il impose. Dans ce XVIIe siècle qui est aussi celui de Descartes et de Galilée, la mathématisation du monde est en marche. Dans cette perspective, l'action est ce qui produit un effet mesurable, une production mécanique d'effets calculables et l'oraison, ne produisant rien, est considérée comme une perte de temps.

1. Eugène Levesque, *Revue d'histoire de l'Église de France*, année 1914, vol. 5, n° 25, p. 73-79.

Penser, comme le fait la mystique, que l'amour est d'un autre ordre que la raison, affirmer que la volonté doit céder et que nous devons nous abandonner à un élan infini plus vaste que nos mesures, voilà qui devient inaudible. Une provocation même. Affirmer que la réalité est plus vaste que le fruit de l'évaluation de nos calculs fait scandale. La religion n'est acceptable que comme un effort de perfectionnement moral. Il faut la débarrasser de la spiritualité, c'est-à-dire de l'amour. Comme l'écrit Brémond : « Bossuet achève la déroute et démystifie la France pour cent cinquante ans et plus[1]. »

Liberté surveillée

En 1703, on autorise Mme Guyon à quitter la Bastille pour six mois en résidence surveillée chez son fils près de Blois. Elle y restera trois ans avant de jouir d'une plus grande liberté.

Elle reçoit alors à nouveau des visites et des lettres, se remet à écrire et à faire des causeries et dirige la Confrérie du Pur Amour. Elle anime une sorte de communauté regroupant aussi bien des catholiques français que des protestants anglais, allemands ou hollandais, tous fervents de sa doctrine et fidèles à son enseignement.

Mme Guyon considère que la confession qu'on adopte, protestante ou catholique, est sans importance au regard de l'essentiel : cette attitude première d'ouverture à un amour que nous n'avons pas fabriqué.

---

1. Henri Brémond, *Histoire littéraire du sentiment religieux en France* (1916-1933), Presses de la Renaissance, 2009.

Mme Guyon est ainsi l'une des premières à penser la tolérance : peu importe votre religion, l'important est cet abandonnement à l'amour. Du point de vue ordinaire, les religions et les traditions s'opposent et se combattent, mais dans la mystique, c'est-à-dire dans l'amour le plus entier, elles se rencontrent. Aucune identité ne tient devant l'essentiel, et s'en revendiquer ne peut que l'abîmer. En 1704, le philosophe et pasteur allemand Pierre Poiret, disciple d'Antoinette Bourignon, une autre grande mystique, entreprend la publication des œuvres complètes de Jeanne Guyon, qui comprennent trente-neuf volumes[1]. C'est en Allemagne que Mme Guyon a la plus forte influence, elle y est lue intensément alors qu'elle est peu à peu oubliée en France.

À partir de 1714, le chevalier de Ramsay, venu d'Écosse, loyal disciple de Fénelon qui vient de mourir, devient son secrétaire. Enfant, Ramsay fut déchiré entre une mère anglicane et un père calviniste. Auprès de Fénelon puis de Mme Guyon, il trouve la perspective d'une religion intérieure qui surmonte les conflits de doctrine qui mettent les hommes à la guerre. Il y trouve l'inspiration qui le conduit à penser une spiritualité nouvelle, qui ne soit plus prisonnière d'un clergé qui toujours place sa confiance dans des cérémonies extérieures et des croyances spéculatives. S'intéressant aux hommes de toutes les traditions et de tous les pays et, à la fin de sa vie, à la Chine, il s'engage dans la franc-maçonnerie.

1. Marjolaine Chevallier, *Pierre Poiret (1646-1719) du protestantisme à la mystique*, Labor et Fidès, 1994.

Il joue même un rôle décisif dans l'établissement des hauts grades. Il existe ainsi un lien rarement mentionné entre Mme Guyon et la franc-maçonnerie qui, s'il était connu, choquerait bien des francs-maçons qui se pensent être les héritiers de Voltaire, alors qu'ils sont d'abord les fils de l'une des plus grandes mystiques occidentales.

*

Le pur amour n'est-il qu'un rêve, une affabulation ?

La grande question qui a traversé toute la vie de Mme Guyon jusqu'à sa mort en 1717 consiste à se demander s'il existe un amour qui soit libre de toute trace d'amour-propre. Existe-t-il un amour libéré du jeu de l'ego, un amour qui n'attende rien, qui ne soit pas un moyen de se mettre en avant ni de se réconforter ?

Dans un premier temps, nous devons avoir l'honnêteté de constater que la plupart de nos actions, si ce ne sont toutes, sont mues par l'amour-propre. Nous voulons, que nous en soyons ou non conscients, tirer un bénéfice de toute situation. Nous donnons et aimons dans l'espoir d'obtenir une sorte de retour sur investissement. Nombre de grands penseurs de l'Occident moderne, de Proust à Lacan, héritiers des moralistes des XVIIe et XVIIIe siècles, ont su montrer combien là où les hommes parlent d'amour résident les calculs de l'amour-propre et de complexes stratégies. Ces auteurs nous délivrent de l'hypocrisie ambiante. Ils nous vaccinent à jamais de ce mélange de Disneyland et d'Hollywood qui dessine, bien trop souvent, le cadre de notre conception de l'amour.

Il est très important de l'admettre, sans en rougir. Oui, c'est vrai, nous sommes plein d'attentes et de crispations.

Mais une fois reconnue l'emprise de l'amour-propre, il est possible de discerner l'existence d'un pur amour qui ne vise à rien et ne cherche rien. Un pur amour qui donne pour rien, sans attente ni demande. Malgré les épreuves, il est possible d'aimer entièrement, d'être aimé sans condition aucune. Et même si nous ne vivons une telle expérience qu'à de rares moments, même si une telle expérience n'est pas continue, elle en révèle la vérité. Toucher à ce pur amour, c'est se mettre en état de disponibilité. Se laisser être. Mme Guyon parle parfois d'un état de « mort à soi-même ». Une telle mort n'a rien de morbide, mais témoigne du souci de ne plus être entièrement accaparé par l'effet de ses actions. De se mettre en retrait pour que l'amour ait toute la place. Le laisser être à sa guise.

Dans la pensée chrétienne, cette perspective a pris une forme paradoxale en la célèbre « supposition impossible » : aimons Dieu même dans la supposition impossible d'une damnation éternelle. Aimons Dieu indépendamment de tout bénéfice que nous pourrions en retirer – et au premier chef le salut. Fénelon, dans son *Explication des maximes des saints*, soutient en ce sens qu'« il est dans cette vie un état de perfection dans lequel le désir de la récompense et la crainte des peines n'ont plus lieu » et qu'il existe des âmes qui, même si elles se savaient condamnées, ne changeraient rien à leur sacrifice.

L'amour véritable ne cherche rien. Cette perspective qui choqua tant et fut condamnée par le pape n'est pas une invention de Mme Guyon. Joinville, dans l'*Histoire de saint Louis*, raconte l'histoire de cette femme errant dans les rues de la ville orientale d'Acre, tenant un flambeau dans une main et une cruche dans l'autre, afin, disait-elle, de « brûler le paradis et d'éteindre l'enfer », de telle sorte que Dieu soit aimé pour lui-même et non par espoir du salut et crainte du châtiment. Et Fénelon a grand soin de montrer combien cette attitude est au cœur de la philosophie antique, où Platon demande que l'on s'attache à la philosophie, sans retour d'intérêt, « par le seul amour du beau, du bon, du vrai, du parfait en lui-même ». Peu importe que pour décrire cette expérience si primordiale on évoque « Dieu », la « nature de Bouddha », le « chant du monde », l'« espace ouvert », le rayonnement des « indices terrestres », le « pur ». Cette quête n'est pas théologique mais questionne la vérité de l'expérience humaine, cherche à y retrouver le souffle le plus entier de l'amour. À en libérer l'appel.

Malgré le poids de l'amour-propre, malgré l'impact de toutes les théories selon lesquelles nos actions cachent des motivations peu avouables, je crois fermement que tout être humain a touché au pur amour. A aimé sans raison. Aimé sans rien attendre – malgré les déceptions, les gestes malencontreux, les paroles qui blessent, voire les trahisons. Aimé quand même. Et je crois que tel est le vrai chemin. Ne pas conditionner notre amour. Aimer sans raison.

Nous pouvons aimer quelqu'un malgré lui, malgré son refus de notre amour, et même, cas extrême, malgré sa haine à notre égard. Nous pouvons l'aimer même si cela semble ne servir à rien.

13.

Faut-il lâcher prise ?

Justement, il ne faut rien. L'amour impose de céder pour de bon. De s'abandonner.
De toute façon, rien ne peut nous donner ce que nous voulons, combler notre manque d'amour – aucune religion, aucune institution, aucune pratique, aucun bien, personne. Sauf l'amour.

Le renversement des horizons

Je n'ai rien d'un mystique, n'ayant aucune capacité de cet ordre ni aucun don particulier. Mais l'épreuve du pur amour ne m'est pas entièrement inconnue. J'en ai fait un jour, à ma grande surprise, l'expérience. Je traversais un moment difficile, je me sentais comme rejeté dans un douloureux isolement. Aucun contact réel ne me semblait possible. Partout, je ne voyais plus que la peur qui fait prononcer des mots qui n'ont pas vraiment de sens, des mots qui visent uniquement à convaincre, à se rassurer, des mots pour rien. Chacun de ceux que je rencontrais me semblait porter « son visage comme un panneau-réclame à langue épaisse[1] ». J'étais dans une cage ou plus exactement entre des murs sans fenêtre, sans possibilité de rencontrer, pour de bon, qui que ce soit. Je me cognais la tête contre la dureté, l'absence de tendresse et de vérité. Renvoyé à la condition d'escargot.

Je me crispais. Et plus la situation me pesait, plus je l'exagérais. Je regardais toute chose dans cette seule perspective. Un de mes amis me prit alors dans ses bras et me tint au plus près de son cœur. Il répondait à l'abîme qui me cernait. D'une façon aussi sûre que confiante.

Je luttais. Je ne sentais rien. Mais lui, au lieu de fuir comme je m'y attendais, restait là, sans inquiétude. Il me gardait dans sa tendresse. Je n'y croyais pas. Je ne pouvais pas l'éprouver, m'ouvrir à elle, la laisser me toucher. Et puis à un moment, après plusieurs heures d'intenses sanglots, j'ai cessé de vouloir être aimé, de vouloir aimer, de vouloir que l'amour vienne à moi. Je l'ai laissé.

Ce fut une expérience aussi simple que libératrice.

J'ai touché, à ce niveau très modeste, quelque chose qu'évoque Mme Guyon : « Désormais, je n'aime plus, c'est l'Amour qui aime en moi ; je ne suis plus, c'est Dieu qui est en moi ; je ne prie plus, c'est Dieu qui prie en moi, y proférant ou engendrant son Verbe[2]. »

---

1. René Daumal, *La Grande Beuverie*, Gallimard, 2008, p. 168.

2. Jean-François Marquet, *Philosophies du secret, Études sur la gnose et la mystique chrétienne (XVIe-XIXe siècle)*, Cerf, 2007, p. 217.

Même si cette expérience n'a rien à voir avec un sentiment religieux, si je n'ai pas senti la présence de Dieu (dont la possibilité d'existence ne trouve pas la moindre résonance en moi), j'ai fait l'expérience que l'amour aimait en moi. Qu'il fallait m'en remettre à lui. Que l'amour n'est pas une question personnelle. Que le geste pour le retrouver est un mouvement de détente et d'abandon.

C'était étrange : mes efforts, loin de m'aider, ne faisaient que m'enfermer plus douloureusement encore dans une intense frustration. N'est-ce pas une expérience commune ? Plus nous cherchons quelque chose, plus violemment nous en sommes séparés. Or, comme je venais de lire Mme Guyon, j'ai laissé le mouvement se faire. J'ai reconnu que perdre la volonté n'est pas angoissant, mais peut devenir un soulagement. Et je me suis alors senti aimé sans raison. Sans avoir plus rien à faire. J'étais aimé de plus loin que toute décision. Que tout mérite.

Je me suis laissé faire. Je me suis abandonné. L'amour me portait. Je ne le portais plus. Je cessais tout effort.

*

L'acquiescement et la haute obéissance

Le problème inhérent à la volonté est de tout séparer. Quand je veux quelque chose de toi, je te mets aussitôt à distance, je ne t'écoute plus vraiment. Je t'instrumentalise. Je me crispe sur ce que je *veux* obtenir.

Il existe une autre approche de l'existence : la haute obéissance. Non plus tout décider, mais répondre de la façon la plus juste à la situation. Matisse a écrit à de nombreuses reprises que ce n'est pas lui qui décida de la voie qu'il prit : « Comme c'est curieux ! on est conduit, on ne conduit pas. Je ne suis qu'un serviteur[1]. » Je nomme faute de mieux cette obéissance « haute », pour la distinguer de l'obéissance servile, qui n'est qu'une forme d'humiliation privant la personne de sa dignité et de sa responsabilité. Obéir n'a ainsi de sens que si, et seulement si, j'obéis à l'espace du non-moi qu'est l'amour.

Chögyam Trungpa rapporte les propos que lui confia celui qu'il nomme le « Fou de Tsang » : « Lorsque j'étais un jeune élève et un bouddhiste dévot, plein de foi, je voulais que mon corps ne fasse plus qu'un avec celui de Padmasambhava [un des visages du Bouddha et de l'amour inconditionnel]. Je récitais des milliers, des millions de mantras et d'invocations. À force de crier mes mantras, j'étais devenu un moribond. Je pensais même que je perdais mon temps en reprenant ma respiration durant ces récitations. Je priais Padmasambhava encore et toujours, essayant de ne faire plus qu'un avec lui. Et soudainement je compris : je *suis* – mon corps *est* – Padmasambhava. J'aurais eu beau l'invoquer jusqu'à ce que ma voix se brise, cela n'aurait eu aucun sens. Aussi décidai-je de me taire. Je découvris alors que Padmasambhava m'appelait. J'essayai de lui échapper, mais je n'exerçais aucun contrôle. Padmasambhava *me* voulait,

1. Henri Matisse, *Écrits et propos sur l'art*, présentés par Dominique Fourcade, Hermann, 1991, p. 272.

et il a continué à *m*'appeler[1]. » Magnifique universalité de la désappropriation propre à la haute obéissance.

Il est un moment où l'homme peut découvrir que ce n'est pas lui qui décide mais l'amour en lui. Et de manière étonnante cet amour est sans fond. Il suffit de lui obéir. Peu importe qu'il soit nommé « Dieu », « Padmasambhava » ou « Béatrice », comme pour Dante. Peu importent les conditions qui vous permettent de le vivre. Que l'amour pur vienne par la présence d'un ami. Que ce soit comme pour Ravel ou Marcel Proust l'amour de la mère. Que ce soit comme pour Jacques de Bourbon Busset le don de la femme épousée. L'essentiel est d'être changé en l'amour.

Ne plus être celui qui aime quelqu'un, en ayant des demandes et des exigences, mais être l'amour, le laisser nous conduire.

*

Accepter la finitude pour découvrir la « jouissance du centre »

Abandonner le souci de tout contrôler est seul à même de nous mettre « dans la jouissance du centre[2] ». Cette formulation de Mme Guyon dit bien l'expérience

1. Chögyam Trungpa, *Folle sagesse*, Seuil, 1993, p. 100.
2. Mme Guyon, *Les Torrents* et *Commentaire au Cantique des cantiques* de Salomon, chap. VIII, v. 14, Jérôme Millon, 2004, p. 208.

du geste d'abandon, où nous sommes alors centre ouvert, dans une joie qui ne dépend d'aucune condition pour se manifester, qui n'est plus la mienne. Bossuet en fut effrayé : « Il y a, écrit-il, une telle disproportion entre la plénitude qu'on peut concevoir en cette vie, et celle de la vie future, qu'il y reste toujours ici-bas de quoi espérer, de quoi désirer, de quoi demander jusqu'à l'infini ; et que supprimer ses demandes, c'est oublier ses besoins, et nourrir sa présomption de la manière la plus dangereuse et la plus outrée[1]. »

Contre Bossuet, il faut assumer que « demander toujours » n'est pas la plus juste manière d'être, c'est même refuser d'être pleinement humain. Le paradis n'est pas autre part que dans cet instant-ci, dans l'ouverture chaque fois possible du présent. La « jouissance du centre » est possible. Comme l'écrit Emily Dickinson (1830-1886), l'un des plus grandes poètes américains qui vécut une vie si singulière dans la poésie, pour la poésie, en son silence le plus résolu : « Les Charmes du Ciel qu'on aura sont détrônés de temps à autre, je le crains, pas le Ciel qu'on tient[2]. »

L'inquiétude peut cesser ici même. L'angoisse s'apaiser. L'amour nous toucher entièrement, nous abriter en lui. Rien de religieux, n'en déplaise à Bossuet. Comme l'écrit Dickinson dans ce beau poème :

---

1. Bossuet, *Instruction sur les états d'oraison*, *Œuvres complètes*, t. VIII, Lefevre, 1836, p. 54.

2. Emily Dickinson, *Lettres au maître, à l'ami, au précepteur, à l'amant*, José Corti, 1999, p. 34.

Certains vont à l'Église le Dimanche –
Moi, je reste à la Maison –
Le Goglu est mon Chantre –
Et le Verger ma Voûte –
Certains portent un Surplis le Dimanche –
Moi, je n'ai que mes Ailes –
Et au lieu de sonner la Cloche,
Notre petit Sacristain chante.
Dieu prêche, c'est un fameux Ministre –
Et le sermon n'est jamais long.
Ainsi, au lieu d'aller au Ciel –
Je suis, tout compte fait, ma route[1].

On se méprend en considérant que l'amour n'étant jamais installé une fois pour toutes, étant fragile, susceptible d'être blessé, il serait imparfait. C'est une redoutable erreur. Car le fait que l'amour soit toujours marqué par une limite, et au premier chef par notre propre finitude, par notre corps soumis au temps et à la mort, ne devrait pas être perçu comme un manque. C'est une leçon cardinale.

Il faut renoncer au rêve de l'éternité. Au rêve de la perfection. C'est lui qui est insensé et nous fait vivre en enfer. Nous sommes mortels et faillibles. Telle est notre beauté. Une fleur réelle sera toujours plus belle qu'une fleur en plastique. Même si l'on est croyant, cette vérité

1. Traduction de Charlotte Melançon, poème cité in « Les mésaventures du merle : les américanismes chez Emily Dickinson », *Journal des traducteurs*, vol. 45, n° 1, 2000, p. 80-90.

n'en est pas moins vraie. Le nier reviendrait à se vivre en propriétaire de son âme, ayant des demandes et pouvant exiger des comptes. Le pur amour se déploie seulement si nous sommes prêts à reconnaître que nous sommes mortels. Si nous sommes prêts à ne pas nous accrocher à nous-mêmes. Quelle singulière leçon : c'est en étant décentré de soi-même que l'on est mis au centre.

Comme l'écrit le philosophe François Fédier, « il n'y a de "je" véritable que si, en son beau milieu, s'ouvre la béance où il se rapporte non seulement à ce qui est autre que lui, mais bien à ce qui est absolument autre relativement à tout ce qui est[1] ». Alors l'amour peut rayonner. Rien ne le retient.

*

De l'équilibre miraculeux du désir et de la jouissance

Je suis mort parce que je n'ai pas de désir,
Je n'ai pas le désir parce que je crois posséder,
Je crois posséder parce que je n'essaye pas de donner ;
Essayant de donner, on voit qu'on n'a rien,
Voyant qu'on n'a rien, on essaye de se donner,
Essayant de se donner, on voit qu'on n'est rien,

---

1. François Fédier, *Voix de l'ami*, Éd. du Grand Est, 2008, p. 31.

Voyant qu'on n'est rien, on désire devenir,
Désirant devenir, on vit[1].

Quand nous sommes pleinement le souffle du vent dans les arbres ou l'écoute de la parole d'un ami – sans inquiétude quant à nous-mêmes –, se déploie une sorte de pure jouissance. Une jouissance qui n'efface pas le désir, mais l'exalte.

Mais ne nous a-t-on pas habitués à penser le contraire ? La jouissance n'est-elle pas immédiatement perdue, effacée par un nouveau désir, par le sentiment d'un manque ? Ne faut-il pas renoncer à tout désir pour trouver le vrai contentement ? N'est-ce pas la leçon amère de la spiritualité ?

Or, ce que nous apprend Mme Guyon, c'est qu'il est un point de notre expérience où il n'y a plus d'antinomie entre désir et jouissance, où l'un et l'autre viennent à se confondre. Décentré de soi, le désir subsiste dans la satisfaction même. Telle fut l'épreuve de cette singulière nuit que j'ai racontée : découvrir que dans le pur amour, le désir subsiste sans être manque, sans être en manque. La satisfaction n'est pas ailleurs que dans le désir laissé désir.

Ce qui est triste est de vivre la jouissance, comme nous le faisons trop souvent, à partir de soi-même – « *je* jouis », « *je* l'ai » –, ce qui lui donne un goût de cendre. Cela nous en fait perdre la sève.

---

1. René Daumal, cité in Jean Biès, *René Daumal*, Seghers, « Poètes d'aujourd'hui », 1967, p. 174.

Soyons humains : libérons la jouissance. Abandonnons-nous à elle.

Tel est le sens du lâcher-prise : consentir à la jouissance sans chercher à la prendre, à la garder, à la dominer, à la faire mienne. Ce n'est plus alors même *ma* jouissance que je ressens, mais la jouissance me vient, elle vient de plus loin que de moi, elle m'appelle et me fait résonner comme le musicien la corde de son violon.

Lâcher prise, c'est accepter d'être violon sous les doigts de l'amour.

*

Nous sommes tous des mystiques qui s'ignorent

Henri Brémond a expliqué à plusieurs reprises le projet qui le conduisit à rédiger ses onze volumes de l'*Histoire littéraire du sentiment religieux* : montrer que le mysticisme est non seulement le « grand fait religieux », présent dans toutes les traditions, mais aussi le secret de l'existence de tous les hommes. Ce secret se donne au premier chef dans la poésie : « Parfois, dans la contemplation d'une œuvre d'art, dans l'audition d'une mélodie, l'effort pour comprendre se desserre, l'âme se complaît simplement dans le beau qu'on devine [...] ou simplement un souvenir, une parole, un vers de Dante ou de Racine, jaillissant du fond obscur de nous-mêmes, s'impose à nous, nous recueille et nous pénètre. Ensuite nous ne savons rien de plus, mais nous avons l'impression de comprendre un peu ce que jusque-là nous connaissions à peine, de savourer un fruit dont nous avions simplement rongé l'écorce [...]. Tels sont les états naturels [...], où l'on peut déchiffrer les grandes lignes, reconnaître l'image, et déjà l'ébauche des états mystiques proprement dits[1]. » Ces remarques qui ont tant fait scandale ouvrent pourtant une voie accessible à chacun.

La beauté du monde, celle d'une œuvre d'art, d'un visage qui nous regarde, mais tout aussi bien la vérité d'une parole, nous parlent de l'amour. L'expérience que j'ai décrite où le pur amour m'a touché, comme celle de l'homme qui marche dans la forêt et s'y abandonne, comme celle qui vous prend en écoutant un concert, sont des expériences *mystiques*. Et la poésie en est une magnifique porte d'entrée. Elle est, écrit Brémond, une « magie [...] qui nous invite à une quiétude où nous n'avons plus qu'à nous laisser faire, mais activement, par un plus grand et meilleur que nous[2] ».

Brémond se sentait d'autant plus autorisé à tenir de tels propos qu'il lui était devenu clair, et d'une manière assez prophétique, que l'attitude de l'Église du début du XXe siècle, dans sa rigidité institutionnelle et dogmatique, allait faire déserter les lieux de foi et priver les hommes de tout lien à la mystique, c'est-à-dire de tout rapport vivant et suffisamment ample à l'amour. Non seulement

1. Henri Brémond, *Histoire littéraire du sentiment religieux en France*, t. I, *op. cit.*, p. 518-519.

2. Dinah Ribard, « L'anachronique ou l'éternel. L'abbé Brémond et l'histoire littéraire », *Les Cahiers du Centre de recherches historiques*, 28-29, 2002.

l'Église lui apparaissait obsolète dans ses rigidités crispées, mais la religion incapable de dire la vérité de la mystique qu'elle avait condamnée et comme oubliée. L'ambition de Brémond fut donc de transmettre ce flambeau de la mystique – et de révéler qu'elle n'est nullement limitée à la religion chrétienne ni même à l'idée religieuse. Elle est au cœur des hommes qui acceptent de ne pas chercher à tout dominer, qui s'inquiètent de la fragilité du visible et cherchent à préserver l'ordre du sentiment.

Elle est ce geste de déprise et d'abandon, qui seul préserve et appelle l'amour.

Vous êtes concerné par cet appel, par ce souci d'un silence qui vous pose dans la vérité de votre être, par ce souffle ardent de l'amour. La mystique n'est pas un royaume réservé à quelques privilégiés. L'amour ne réside pas ailleurs que dans la paume de votre propre main, dans le fond de votre œil, dans le mouvement de votre souffle.

Remplacez le mot « mystique » par « poésie », si vous préférez, par « amour pur », par « sobre silence de l'inouï ». Peu importe. L'essentiel est de percevoir combien rien n'est moins désincarné que la mystique, puisqu'il s'agit simplement d'accueillir l'amour moment après moment, dans chaque situation. La mystique ainsi comprise nous apprend à ne plus rêver d'un ailleurs, à comprendre que même l'absolu peut se rencontrer en épluchant ses légumes, en prenant une douche, en versant une tasse de thé.

Ce que nous prenons pour le plus simple – le calcul de ce qui va nous être le plus bénéfique, vouloir un résultat tangible, la jalousie inquiète qu'on nous vole notre place – est en vérité compliqué, malheureux et le contraire de notre véritable aspiration.

Le plus simple, c'est l'amour qui se donne pour rien.

Les hommes se trompent et prennent, souvent malgré eux, le venin pour le festin.

*

Lâcher prise

Dans la fascinante correspondance entre Mme Guyon et Fénelon, ce singulier mouvement ne cesse d'être repris et pensé plus profondément. Fénelon le nomme un moment « laisser tomber », elle préfère « acquiescement ».

Cette notion a été popularisée aujourd'hui par celle de lâcher-prise. L'une des histoires les plus charmantes sur ce thème est celle de la capture des singes. On raconte que, dans la forêt équatoriale, il existe un moyen pour attraper les singes sans les blesser. Après avoir coupé le bout d'une grosse noix de coco, l'avoir vidée de son contenu et remplie d'une poignée de nourriture, on la fixe solidement à un arbre. Le singe, attiré par la nourriture, y plonge la main. L'ouverture, juste assez grande pour laisser entrer sa main vide, ne lui permet pas de la retirer lorsqu'elle est pleine. Refusant de renoncer à son butin, il reste là, prisonnier. Et le chasseur n'a plus alors qu'à l'attraper. Il lui aurait suffi de laisser la nourriture, d'ouvrir la main pour pouvoir s'échapper. Comme le singe, en refusant de nous ouvrir, nous nous enfermons dans la douleur.

Ce terme de « lâcher-prise », s'il est éclairant, est aussi un piège et d'abord parce qu'il est enfermé dans le domaine de la psychologie qui lui est contraire. Car la psychologie ne voit tout qu'à partir du moi, qu'en vue de le solidifier, de lui rendre tout plus confortable et paisible. « Lâchez prise et tout ira pour le mieux », nous dit-elle. Or l'abandon est, tout au contraire, la déprise du moi pour que l'amour rayonne et soit plus ample. Cesser de vouloir tout dominer. Cesser d'instrumentaliser les autres.

L'amour ne peut pas être une énergie plus efficace. Il est de l'autre côté de tous nos calculs. Il est l'espace même de l'absence de tout calcul. Ce qui se donne sans raison.

Faut-il lâcher prise ? La question est fausse, car elle repose sur l'idée qu'il y aurait une stratégie efficace alors qu'il s'agit précisément d'abandonner les stratégies. Voilà le juste abandon. Rien ne peut combler le manque d'amour – aucune religion, aucune institution, aucune pratique, aucun bien, personne. Sauf l'amour.

Présenté comme il l'est, le lâcher-prise conduit à de graves contresens. Alice est confrontée au refus de son patron de lui laisser prendre les vacances qu'elle a demandées, pour aller faire une retraite de méditation à laquelle elle tient particulièrement. Le lâcher-prise ne consiste-t-il pas, me demande-t-elle, à accepter une telle décision et à renoncer à trouver une solution qui la satisfasse ? Ne lui faut-il pas accepter le verdict ?

Voilà un des grands pièges que tend cette notion. Le détachement n'implique pas un désengagement, un laisser-aller qui peut servir de justification à toutes les formes de lâcheté. Mme Guyon n'a jamais cédé devant ce qui lui importait et Fénelon s'est battu avec une intelligence extrême contre Bossuet, sans jamais renoncer à sa droiture. Alice au fond retrouve, sans le savoir, l'interrogation de Bossuet, se demandant si le lâcher-prise, l'« acquiescement », n'est pas un refus de l'engagement, de l'action, de la responsabilité.

Or, justement, le lâcher-prise implique de ne pas renoncer à l'important, de le préserver.

C'est au contraire l'activisme forcené qui renonce ! Qui abandonne l'essentiel !

L'une des phrases préférées de Chögyam Trungpa, qu'il aimait souvent dire à la fin de ses enseignements, était : « *Never give up* », « Ne renoncez jamais ». N'y a-t-il pas ici une contradiction ?

Nullement, car ce à quoi il faut renoncer, c'est à l'amour-propre, au souci de teinter la réalité pour qu'elle nous corresponde, et non pas à notre vraie demande, à ce « désir » dont parle Daumal dans son texte.

Pour reprendre la demande d'Alice, le lâcher-prise implique d'écouter la situation indépendamment de sa peur ou de sa colère, pour la regarder telle quelle et savoir ainsi comment agir au mieux. Lâcher prise implique de mieux considérer la situation, d'être plus attentif à elle – nullement de lui être indifférent ou soumis !

Il n'y a là aucune passivité et l'on comprend le danger que le terme de « quiétisme » a pu susciter. Pour éviter cette confusion sur le sens de la « passivité », les textes anciens ont choisi de l'écrire « passiveté » et parfois Mme Guyon parle de « passivité-activité ». Marina Zvétaieva remarque à ce propos, avec une rare finesse : « Qu'est-ce qui est le plus dur, tenir un cheval ou aller avec lui lorsqu'il est au galop ? » Le non-agir peut effectivement demander un effort intense. Dans la « passiveté », l'action, en un sens, se fait toute seule, mais il faut cependant y mettre du sien. Vous n'en êtes pas tant l'auteur que celui qui la rend possible. Cette petite différence change beaucoup de choses.

Une jeune femme fait rouler devant elle une poussette où un bébé est endormi. Elle se retrouve à côté de vous, devant un grand escalier. Il n'est pas nécessaire de faire un effort conscient et délibéré pour lui proposer de l'aider à monter sa poussette en haut des marches. Notre intention n'est pas distincte de l'action, mais lui est indissociable. La « passiveté » consiste à répondre à ce que la situation exige dans la seconde, spontanément, sans délibération. Parfois, il faut prendre un moment pour trouver le geste juste. Il ne s'agit pas pour autant d'une réflexion distanciée, mais simplement de prendre le temps d'être mieux en rapport à la situation. De passer de la frivolité à la spontanéité.

Cette expérience que le Tao nomme « non-agir » est bien plus soucieuse de la manière de faire que du résultat. Quand seule compte l'issue que nous cherchons à obtenir, la vie perd son sens. Il faut toujours en faire plus. Sans aucun respect et sans aucune attention pour le moyen de l'obtenir. Tout alors – les choses mais aussi les êtres – devient instrument en vue d'une fin qui le dépasse et à laquelle il est entièrement soumis. Écoutons la leçon de Mme Guyon : ne soyons pas obsédés par les résultats qui ne sont que des indices de notre travail, des miroirs de notre esprit. Le chemin est le but.

*

Entrer en rapport au désir

Nous croyons avancer en cherchant à tout contrôler. Nous espérons obtenir quelque chose par la lutte intense que nous menons, mais nous ne saisissons que des chimères. Ce que nous obtenons s'effrite et se révèle amer. Jamais ce que nous acquerrons ne nous suffira, car notre véritable demande n'est alors pas entendue. Elle est tellement plus ample que les miettes obtenues par tant d'efforts.

Non pas que gagner de l'argent soit vain, mais jamais nous n'en aurons suffisamment pour combler la grande aspiration qui nous tient, qui fait de nous des êtres humains. Brémond voit juste : nous sommes tous des mystiques et, faute de le reconnaître, nous devenons des fantômes, des âmes en peine qui errent avec plus ou moins de suffisance, avec plus ou moins de pudeur.

Nos efforts tournent alors à vide. Nous poursuivons des ombres. Pourquoi ne pas renoncer à cette course-poursuite et oser demander ce que nous voulons vraiment ?

René Daumal constate que, sans désir, nous sommes morts. Tel est bien trop souvent notre état. La terrible supercherie de notre temps est de ne cesser de parler de désir mais de nous donner à la place l'esprit de consommation aussi fluctuant que sans racine. Or, il n'y a de désir qu'en tant qu'il me concerne dans le fond sans fond de mon être. Qu'en tant qu'il me concerne tout entier, que je le reconnaisse comme ce qui me tient en vie.

Comment pouvoir aimer si nous ne sommes pas en contact avec ce que nous souhaitons profondément ? Nombre de gens ne savent pas aimer, non parce qu'ils n'aiment pas, mais tout simplement parce qu'ils ne sont pas en contact avec eux-mêmes, avec leur expérience, avec ce qu'ils vivent. Ce n'est pas qu'ils n'ont pas de cœur, ni même qu'ils sont fermés à l'amour, encore moins qu'ils n'aiment pas leur compagne ou compagnon, mais n'ayant pas de sol propre, ils ne savent rien de ce qu'ils éprouvent et souhaitent. Ils sont les premiers malheureux de cette situation.

Renoncer à l'amour-propre, devenir un centre ouvert, libérer la jouissance, n'est pas renoncer à être qui nous sommes. C'en est au contraire la seule possibilité.

J'ai un jour été invité à regarder des films où l'on voyait des aliénés, internés de longue date, interrogés par des psychiatres. J'en ai été bouleversé car, comme souvent, ceux qui sont en marge nous montrent la vérité de notre être, que nous ne savons plus considérer comme il le faudrait. Ce qui m'a frappé, c'est que tout ce qu'ils disaient portait sur la recherche de leur place dans un arbre généalogique imaginaire. Leur folie venait de l'impossibilité de comprendre et de se satisfaire de leur généalogie « naturelle » et de devoir en inventer de délirantes qui seules pouvaient leur dire quelque chose de leur aspiration. Une parole qui puisse dire qui ils étaient. Leur donner une place.

Leur folie était le seul moyen qu'ils avaient trouvé d'être fidèles à leur aspiration : « aimer le monde entier », « être la femme de Dieu », « sauver l'humanité ».

Et si la folie n'était qu'une recherche mystique déviée qui ne se trouve pas ?

À l'inverse, pour la plupart d'entre nous, la normalité se paie au prix du renoncement à toute haute aspiration.

Sans entendre le désir en sa vérité la plus profonde, c'est-à-dire l'habiter, nous ne vivons pas vraiment. Lâcher prise implique de retrouver l'essentiel de notre désir, non de le perdre. Lorsque je présente la pratique de la méditation, je suis souvent confronté à des questions portant sur cette crainte : « Ne s'agit-il pas d'abandonner tous nos désirs ? », « La méditation ne consiste-t-elle pas à être sans moi et sans sentiment ? »

C'est exactement le contraire. L'enseignement mystique, l'enseignement sur le lâcher-prise est tout simple : ce qui nous sépare de l'amour, abandonnons-le. Ce qui nous en rapproche, embrassons-le.

14.

Répondre entièrement à l'amour

L'amour est fou, d'une sage et visionnaire folie. Il se risque, sans hésitation, dans l'immensité. Partout il bouleverse les codes. Nous en délivre. Il est plus grand que nos mesures. Il brûle la médiocrité de nos peurs, lève nos hésitations et défait nos armures.
Partout, on cherche à l'éteindre. Mais son intensité est indomptable.

Du côté du poème et du côté de l'amour

Quelques mois avant de mourir, Rainer Maria Rilke reçoit une lettre de l'un de ses vieux amis, le peintre Leonid Pasternak, qui veut le mettre en contact avec son fils Boris. Rilke a rencontré Leonid vingt-six ans auparavant lors de son grand voyage en Russie entrepris sous l'inspiration de Lou Andreas-Salomé. Il en est très touché, tout particulièrement parce que la Russie a été pour lui une découverte décisive et que tout ce qui vient de ce monde lui importe. En Russie, il a découvert une manière d'être enflammée, vivante et ardente qui le délivrait de la souffrance étriquée de la société germanique embourgeoisée et compartimentée qu'il connaissait jusqu'alors. Une société enveloppée dans les conventions comme une momie dans ses bandelettes et où il s'est toujours senti comme un étranger[1].

Que l'on y songe un instant en effet.

Aujourd'hui comme hier, si nous vivons dans un confort qu'aucune humanité n'a jamais connu, nous en payons aussi le prix. J'ai été marqué par le témoignage de Kenny Matampash qui ressemble, par bien des aspects, à celui que Rilke faisait un siècle auparavant. Kenny Matampash, un des porte-parole de la cause masaï, une des dernières tribus du Kenya à maintenir ses traditions, raconte qu'à son arrivée en Occident : « Ma première pensée fut de reprendre l'avion séance tenante et de rentrer à la maison tellement un sentiment irrépressible d'affreuse solitude m'étreignit et ne me quitta plus[2]. » Et Kenny Matampash décrit la nervosité, la précipitation, la course contre le temps qui fait de tous les gens qu'il rencontre « des êtres superficiels n'ayant plus d'humain que l'apparence, avec certes des enveloppes humaines, des corps d'hommes, mais avec plus aucune humanité à l'intérieur ». Partout règne un univers de désolation. Désolation qui conduit, par exemple, les hommes à infliger aux animaux d'atroces sévices. Élevés en batterie,

1. J.-F. Angelloz, *Rilke*, Mercure de France, 1952, p. 79 et suiv.
2. Xavier Péron, *Retour à la vie*, Éd. Retour à la vie, 2009, p. 78.

ces êtres ne voient jamais le jour, ne peuvent esquisser le moindre mouvement. Comment des hommes peuvent-ils faire de telles choses ?

Le problème de cette situation ne concerne pas seulement la destruction de la terre et de ce qu'on nomme les « ressources naturelles », le bouleversement des écosystèmes dont nous sommes aujourd'hui un peu plus conscients, mais le profond nihilisme de cet état de gestion, fondé sur la rentabilité maximale, sur l'organisation technique totale du monde. Nous n'avons plus de rapport vivant, bienveillant, attentif aux choses, aux plantes et aux êtres. Telle est l'une des raisons cruciales de notre coupure avec l'amour.

Dans la Russie de 1900, Rilke découvre un monde où les hommes ne sont pas transis de peur. Un monde où l'homme ne s'agenouille pas devant Dieu mais lui ouvre les bras. Où l'attitude des hommes et des femmes qu'il rencontre est pleine d'une ferveur vivante et d'une joie habitée – qui n'a rien à voir avec l'attitude religieuse compassée et moraliste dont il a été le témoin jusqu'alors. Il découvre qu'il est possible de toucher à l'unité la plus extrême où tout est rassemblé harmonieusement, où un cœur peut être à l'unisson d'un autre cœur. Il comprend que telle est la nécessité de la poésie à laquelle il veut se consacrer.

Il y a peu, lors d'un entretien avec un journaliste, une de ses questions m'a surpris : « Vous situez-vous du côté de la foi ou de la raison ? m'a-t-il demandé.

– Je suis bien plus du côté de la philosophie que de la religion, lui ai-je répondu. La foi m'est étrangère, ce qui m'importe, c'est d'apprendre à mieux regarder l'ampleur du réel, à redoubler d'attention pour mieux en discerner et les facettes et les contours. La raison, par son autorité indiscutable, nous permet de comprendre ce que l'on examine, d'aller au-delà des apparences. Je cherche à lui être fidèle. » Mais cette réponse m'a laissé avec un sentiment de malaise, elle était d'une facilité un peu trop convenue.

En vérité, j'aurais dû répondre : « Je suis du côté de la poésie. » La poésie est plus vaste que la foi et que la raison. Elle les contient et les dépasse. Elle refuse leur opposition. Elle touche au domaine de la foi parce qu'elle est ce don qui n'a besoin d'aucune preuve pour fleurir. Elle est la foi la plus pure. Elle ne cherche rien mais s'émerveille et se confie à l'immense. Mais elle a aussi part à la raison parce qu'elle met les choses en rapport entre elles selon l'ordre de la nécessité. Elle refuse l'arbitraire et l'insensé.

La poésie est la parole la plus proche de l'amour, la parole qui lui est la plus fidèle, la garde et la fait jaillir comme une fontaine.

Elle fuit la foi quand celle-ci devient perte de lucidité et n'écoute plus le ciel. Elle fuit la raison lorsque celle-ci devient rationalité ne visant qu'à toujours plus de puissance.

C'est d'elle, la poésie, que nous avons le plus besoin. C'est de cette parole que nous avons tous soif.

Rilke accepte bien volontiers de répondre à la requête de Leonid Pasternak et entre en rapport avec son fils qui depuis son enfance l'admire. Une correspondance s'ensuit. Dès la première lettre, Boris Pasternak demande à Rilke d'écrire à son amie de cœur, la poétesse Marina Zvétaieva.

Marina Zvétaieva a une admiration tout aussi profonde que celle de Boris Pasternak pour Rilke dont elle a traduit les *Lettres à un jeune poète* en russe. Elle le considère « simplement comme le plus grand poète de tous les temps, passés et futurs ». Aussi, quel n'est pas son étonnement quand elle reçoit, le 3 mai 1926, une lettre de lui.

Elle lui répond et, sans la moindre hésitation, lui expose l'intensité de son amour pour lui. Elle lui parle pour de bon, allant droit à l'essentiel :

> Rainer Maria Rilke !
>
> Puis-je vous interpeller ainsi ? Vous, la poésie, personnifiée, ne pouvez pas ne pas savoir que votre nom a lui seul est un poème. Rainer Maria, des sons qui évoquent église – enfance – chevalerie. Votre nom ne rime pas avec l'époque – il vient d'avant ou d'après – de toujours. Votre nom l'a voulu, et vous avez choisi votre nom. (C'est nous qui choisissons nos noms, ce qui arrive – s'ensuit.) […]
>
> Vous n'êtes pas mon poète le plus aimé […], vous êtes un phénomène naturel qui ne peut être mien, que l'on ne peut aimer, seulement affronter[1]…

En un sens, l'amour se donne dès qu'un être humain parle à un autre être humain, en étant vraiment libre,

1. Rilke, Pasternak, Tsvétaïéva, *Correspondance à trois*, Gallimard, 1988, p. 93.

sans s'en tenir à des conventions. Mais c'est excessivement rare. Quelqu'un nous regarde, nous détournons aussitôt les yeux. Quelqu'un nous parle, nous répondons mécaniquement. Quelqu'un nous embrasse, nous ne sommes pas vraiment là. Un mur s'est édifié entre nous. Nous vivons chacun dans notre carapace. Coupés les uns des autres. Formules toutes faites. Paroles de cendres. Gestes de politesse usés.

Dans cette lettre, Marina Zvétaieva s'exclame : « Tout poème (de toi) entame le cœur et y taille selon *son* savoir – que je le veuille ou non. Il ne faut rien vouloir ! Sais-tu pourquoi je te tutoie et t'aime et… et… et… Parce que tu es une *force*. La chose la plus rare[1]. »

*

Les grandes traversées sans retour possible

J'ai tenté dans cet ouvrage de découvrir des jalons pour trouver des sentiers nous conduisant à l'amour, à en libérer l'inouï. Le premier de ces jalons est que la vérité de l'amour ne se donne pas d'abord à éprouver dans l'« aventure amoureuse » – espace où fourmillent trop de confusions et d'attentes pour permettre, en toute clarté, de l'y reconnaître.

Il se révèle bien mieux dans certaines expériences tou-

---

1. *Ibid.*, p. 96.

tes simples, telle une promenade en forêt. Nous découvrons alors que l'amour n'est pas quelque chose à construire mais à reconnaître. Il y a là un enseignement des plus encourageants : aimer s'apprend – ce travail consiste à préserver cette dimension première, native, qui est toujours à portée de main comme le soleil est chaque jour dans le ciel. Telle est son innocence première.

En la retrouvant, nous découvrons qu'il existe un pur amour qui se joue de tous les calculs et comptabilités, un amour qui échappe aux religions et institutions, qui est comme en témoignent l'œuvre et la vie de Jeanne Guyon authentiquement *révolutionnaire*, dénonçant la suffisance aveugle des hommes. Le chemin de l'amour, nous rappelle-t-elle, ne repose pas sur un effort de volonté mais sur un mouvement d'abandon et de confiance.

En reprenant ces étapes de notre chemin, je suis frappé de leurs grandes évidences : cette voie est à la portée de tous, l'amour n'est pas réservé à quelques-uns.

Et pourtant, quelque chose fait défaut. L'amour comporte une intensité, un élément de folie même, auquel je n'ai pas encore rendu justice. Un élément de folie nous saisit en effet, au premier chef, dans la véritable relation amoureuse. Cet amour – qu'il ne faut pas confondre avec son succédané romantique ou avec l'attachement crispé et sans panache – exige une détermination sans faille. Il exige qu'on lui cède, qu'on le suive. Il brûle. Il vivifie. Il délivre. Il réveille. Il est insoutenable et pourtant nécessaire. Il fait tout se retourner.

Nombreux sommes-nous qui, étant enfants, avons construit des petits bateaux dans des écorces d'arbre pour ensuite les abandonner au courant d'une rivière. Dans le texte *Le Chemin de campagne*, Martin Heidegger, évoquant ces jeux de sa propre enfance, souligne de manière très frappante : « Ces traversées pour rire ne savaient pas alors les expéditions au cours desquelles les rivages restent en arrière[1]. » Dans l'existence humaine, il arrive un moment où il importe de prendre des voies qui ne permettent plus de revenir en arrière. Entrer dans l'amour, le comprendre, le vivre est de cet ordre.

Or, si nous sommes honnêtes, qui est prêt à aller jusqu'à ce point ? Est-ce seulement possible ? Car ce dont nous parlons ici relève de l'épreuve la plus extrême et la plus périlleuse. Les êtres humains qui tentent cette expérience-là sont, le plus souvent, des poètes, car la poésie a partie liée à cette folie d'amour. Marina Zvétaieva est l'un des plus grands témoins de cette intensité soutenue qui ne laisse plus rien indemne – et d'abord parce qu'elle fut poète, et que dans la poésie l'amour se découvre.

Une lettre d'un poète aimé suffit à l'enflammer et une correspondance bouleversante prend alors naissance qui ne durera qu'un été – car Rilke est en train de mourir. Ils n'auront pas même l'occasion de se rencontrer. Et

1. Martin Heidegger, *Le Chemin de campagne*, in *Question III*, Gallimard, 1966, p. 10.

pourtant leurs lettres témoignent de l'intensité de l'amour la plus extrême où tout s'accomplit.

*

La poésie dans un monde qui la refuse

> La vie actuelle ne souffle au poète lyrique ni langue commune ni rien d'autre. Elle se borne à le tolérer, il y est en quelque sorte en état d'extra-territorialité[1].

Marina Zvétaieva est née en 1892 à Moscou. Elle est la fille d'un professeur d'histoire de l'art à l'université de Moscou, qui est le fondateur du premier musée d'art de Russie, l'actuel musée des beaux-arts Pouchkine. Son père a dédié toute sa vie à la fondation de ce musée qui disposait d'une bibliothèque extraordinaire qui fascina beaucoup Marina. Revenant un jour sur son enfance, Marina la résuma en ces termes : « L'air de la maison n'était pas bourgeois, pas intellectuel – chevaleresque. La vie a une grande hauteur[2]. »

À six ans, elle commence à écrire des vers et, à l'âge de seize ans, elle publie son premier recueil. Elle s'engage sans restriction aucune dans la poésie, au désespoir de sa

1. Rilke, Pasternak, Tsvétaïéva, *Correspondance à trois*, *op. cit.*, p. 291.
2. Marina Tsvétaïéva, « Autobiographie », in *Après la Russie*, Payot-Rivages, 1993, p. 14.

mère qui aurait voulu qu'elle devienne musicienne – et accomplisse ainsi la vocation qu'elle n'avait pas pu réaliser. Elle fait plusieurs voyages avec sa famille, étudie à Lausanne puis à Paris.

Quand elle a dix-sept ans, Marina Zvétaieva rencontre celui qui deviendra son mari sur une plage de galets. Elle en ramasse et il se propose de l'aider. Le regardant dans les yeux, elle se dit à elle-même : « S'il devine que la pierre que je préfère est la cornaline et qu'il m'en rapporte une, je l'épouse. » Il en trouve une sur-le-champ, la lui rapporte. C'est une cornaline. Elle fait le vœu que, quoi qu'il arrive, elle ne le quittera jamais. Elle donne naissance à deux filles, Ariadna et Irina. Élève officier à l'Académie militaire, son mari s'engage dans l'Armée blanche des tsaristes contre les « rouges ». Sans nouvelles, seule, pendant la famine que provoque la révolution de 1917, Marina Zvétaieva souffre beaucoup. Sa seconde fille meurt de malnutrition.

En 1922, elle part rejoindre son mari d'abord à Prague puis, trois ans plus tard, à Paris. Elle y vit dans une grande pauvreté, tout entière engagée dans un travail poétique qui n'intéresse pour ainsi dire personne. Elle fait alors l'épreuve d'un monde qui dit non à la poésie : « Je n'ai commencé à lire mes poèmes que lorsque j'ai cessé de parler, j'ai cessé de parler lorsqu'on a cessé de me le demander, on a cessé de me le demander à partir de 1922, date de mon départ de Russie. D'un monde où pour certains mes vers étaient aussi nécessaires que le pain, je me suis retrouvée dans un monde où personne n'a besoin de mes vers, ni des miens ni des vers en général. Nécessaires tout au plus comme un dessert, à supposer tout au plus qu'un dessert soit nécessaire[1]. »

Un monde sans poésie est un monde où l'amour ne peut plus avoir de place.

Comment réussir à comprendre que la poésie est sans commune mesure avec ce qu'on a pu nous raconter à l'école en identifiant les rimes et en comptant les pieds ? Quel professeur nous a dit un jour que la poésie est une brûlure sans laquelle la vie est insoutenable ? Qu'elle est la plus haute fidélité à l'amour ? La seule parole qui ne souille rien ? Marina Zvétaieva fait cette douloureuse épreuve d'un monde où la poésie comme l'amour ne sont plus compris : « On me fait venir pour lire des poèmes sans comprendre que chaque strophe, c'est de l'amour. » Être poète n'est pas un métier ou une carrière, encore moins un statut. C'est une façon d'être fidèle à l'incandescence.

*

Mourir de la politique et de ses raisonnements

Marina est poète, et sa réflexion politique surprend. Lorsqu'elle arrive à Paris, elle est d'abord accueillie par la diaspora des Russes blancs qui se réjouissent lorsqu'elle

1. Marina Tsvetaeva, *Des poètes*, Éd. des Femmes, 1992, p. 94 et suiv.

écrit « la famille du Tsar, fusillée par les communistes », en la prenant pour une des leurs. Cependant, elle écrit aussitôt un poème en l'honneur de Maïakovski qui est alors le porte-parole du socialisme. Ce qu'elle exalte en lui, ce n'est pourtant pas son engagement politique mais son authenticité poétique. La pensée de clan lui est absolument étrangère. Le rapport grégaire à la vérité lui est insoutenable. Pendant la première guerre mondiale, la Russie s'oppose à l'Allemagne et elle écrit alors : « Comment te répudierais-je, mon étoile germanique, alors que je n'ai jamais appris à aimer à moitié ? » Au moment de l'annexion de la Tchécoslovaquie par l'Allemagne nazie, elle écrit un texte magnifique pour ce pays et condamne l'Allemagne. Elle prend parti pour le vaincu. Impossible de comprendre ses engagements à partir de nos réflexes politiques, car elle écrit à partir de l'amour. Or l'amour est incompatible avec la politique au temps de l'idéologie, au temps où les hommes sont contraints de se soumettre à un camp, de sacrifier l'homme démuni, l'homme malheureux pour une « cause ». Marina Zvétaieva veut « sauver l'individu de la meute ». Elle est contre tous les camps. Sans « cause ».

Sa solitude devient aussi extrême que sa pauvreté : « Personne n'a besoin de moi, personne n'a besoin de mon feu qui n'est pas fait pour faire cuire la bouillie[1]. » En 1931, l'époux de Marina Zvétaieva est recruté par l'armée soviétique comme agent secret sans qu'elle le

1. Marina Tsvetaeva, *Vivre dans le feu*, Robert Laffont, 2005, p. 324.

sache. Responsable de la mort d'un agent double, il doit quitter la France en catastrophe pour gagner au plus vite l'URSS. Elle se retrouve plus isolée que jamais à Paris. Son fils, né en exil, et sa fille veulent regagner leur pays d'origine, elle finit par céder... Là-bas, son mari vient d'être arrêté et il est torturé. Il refuse de reconnaître les crimes dont on veut l'accuser sans raison et est finalement fusillé en octobre 1941. Sa fille est envoyée en Sibérie.

Marina ne le saura pas. Elle s'est pendue le 31 août de cette même année, détruite par un monde où la poésie n'a plus aucune place.

L'amour est impossible, telle est sa nécessité

> Infligez-moi les liens nocturnes[1] !

J'ai longtemps considéré Marina Zvétaieva, ce qu'elle dit et montre de l'amour, comme étant effrayant. Elle exagérait. Ses lettres à Rainer Maria Rilke, qui aujourd'hui me touchent tant, m'irritaient. Elle était trop prise par l'intensité de son exigence et ne laissait aucune place à autre chose. Elle ne faisait pas assez attention à lui, me défendais-je.

Je ne voyais pas que c'était moi qui avais peur. Que Marina Zvétaieva me parlait directement et me renvoyait

---

1. Marina Tsvetaeva, *Lettres de la montagne* et *Lettres de la fin*, *op. cit.*, p. 65.

à ma propre insuffisance. Ma manière d'espérer que l'amour soit confortable.

J'avais peur de l'appel qu'elle a toujours écouté. Je le redoutais.

Pourtant, voilà une vérité poignante : l'amour ne se découvre qu'en nous poussant un peu plus loin, qu'en nous défaisant de nos points de repère, qu'en nous dénudant.

Rilke m'a aidé à reconnaître cette vérité à laquelle Marina Zvétaieva a eu accès, simplement par la manière avec laquelle il lui répond. Car à l'impossible requête, il répond tranquillement : « Marina, je t'ai reçue dans mon cœur, dans ma conscience tout entière frémissant de toi, de ta venue, comme si ton grand compagnon de lecture, l'océan, avait roulé vers moi avec toi, flot de cœur. Tu as plongé tes mains, Marina, tour à tour offrantes et jointes, tu as plongé tes mains dans mon cœur comme dans le bassin d'une fontaine ruisselante : et maintenant, aussi longtemps que tu les y garderas, le courant contenu coulera vers toi… »

Il lui répond en toute vérité. Lui qui a tant chanté les amoureuses ne se dérobe pas. Est-ce vraiment insensé ?

L'Occident a considéré Sappho comme « folle » et déviante. Il a brûlé ses livres parce qu'elle révélait la pureté de l'amour qui n'a que faire des règles étroites, mesquines, confortables de ce que nous appelons, avec une telle hypocrisie, la « morale ». Nous avons rejeté Sappho pour mieux enfermer l'amour dans notre subjectivité, faisant de cette épreuve une sorte de pulsion devenue aujourd'hui libidinale. Et nous nous réjouissons d'appréhender l'amour à partir de recherches de laboratoire, comme un ensemble de mécanismes neurobiologiques. Nous avons le sentiment de faire ainsi des progrès dans la connaissance.

L'Occident a considéré Mme Guyon comme « hystérique » et hérétique. Il l'a enfermée en prison. Elle nous révélait combien l'amour n'est pas de l'ordre de la possession, n'est pas une fabrication et qu'il nous faut céder pour qu'il soit. En ayant rejeté Mme Guyon, nous nous sommes enfermés dans ce rêve d'une volonté qui saisirait tout, volonté qui chaque jour détruit plus avant la terre et la possibilité d'un lien réel avec les arbres, les animaux et les hommes. L'amour pourrait s'apprendre par des techniques éprouvées. Or ce sont les techniques qui le détruisent. L'amour est la reconnaissance qu'un lien existe avant toute décision. Qu'il ne se fabrique pas. Nous nous y soumettons ou nous le détruisons.

Aujourd'hui, Marina Zvétaieva est certes considérée comme un poète de tout premier plan, mais nous la prenons pour une « hystérique ». Nous pouvons bien la lire, mais la prendre au sérieux, la prendre pour un authentique témoin de la grandeur de l'amour – voilà qui ne nous vient pas à l'esprit.

Nous sommes engoncés dans la psychologie qui nous explique, avec suffisance, que Marina Zvétaieva est une malade, une névrosée, sans nous rendre compte que la psychologie est un poison qui nous ronge le cœur.

Il y a un risque à même l'amour. Lui donner droit, c'est s'ouvrir au réel de telle manière que nous sommes alors entièrement mis en danger. Marina Zvétaieva n'a pas hésité. Elle a fait le choix de l'amour contre celui de la sécurité, elle a abandonné le nid anesthésiant et cadavérique que nous prenons pour la vie heureuse.

Chaque fois, pour son mari, dans sa liaison avec Sofia Parnok, dans son amour fou pour Konstantin Rodzévitch, celui pour Boris Pasternak, pour Rainer Maria Rilke, elle entre immédiatement dans la démesure de l'amour. Elle brise les limites. Il lui faut se perdre dans l'amour, qui est un bond vers le ciel, d'où jaillit une parole, un poème. Peu importe si, à tout risquer, elle se heurte aux angles de la vie humaine.

En 1922, elle se rend à Prague pour retrouver son mari dont elle est sans nouvelles depuis le début de la guerre civile. L'été suivant, elle rencontre Konstantin Rodzévitch, un ancien officier de l'Armée blanche et vit pendant quelques semaines – de septembre à décembre – une relation bouleversante avec lui. Elle entre dans l'amour sans la moindre hésitation et lui écrit : « Mais la nostalgie, la soif étaient là – et n'est-ce pas cette nostalgie, soif, espérance qui m'a poussée vers vous ce jour-là, à la gare ? Soif de parachever mon incarnation. Ignorant le principal – je ne suis pas un être humain[1]. »

Pour Marina l'amour implique de s'abandonner absolument. De s'oublier. Seuls alors, nous touchons aux étoiles. Mais si l'amour nous fait ainsi frôler l'absolu, il permet aussi de s'incarner : « Votre tâche : me faire femme et humaine, achever de m'incarner. Maintenant ou jamais. Ma mise est considérable. »

1. Marina Tsvetaeva, *Lettres de la montagne* et *Lettres de la fin*, *op. cit.*, p. 63.

Quel singulier mouvement. S'élever en s'incarnant. Se perdre en touchant terre.

Tout le monde – témoins, amis et critiques – y insiste : il y a dans les amours que vit Marina Zvétaieva une dimension imaginaire et rêvée. Comme l'écrit son mari dans une lettre à son ami Maximilien Volochine, « se jeter la tête la première dans l'ouragan est devenu pour elle une nécessité, l'air de la vie. Celui qui aujourd'hui est la cause qui déchaîne l'ouragan n'a pas d'importance. Presque toujours (aujourd'hui exactement comme avant) ou plutôt toujours, tout est construit sur une illusion. Une personne est imaginée et l'ouragan se déchaîne[1] ».

Mais ne touche-t-elle pas ainsi à une réalité brûlante qui nous oblige ? N'en sait-elle pas plus sur la réalité que nous, avec nos mesures conventionnelles ?

Ne sommes-nous pas tous déchirés par cet appel ? Est-ce vraiment folie que de l'écouter ?

C'est nous qui ne sommes pas à la hauteur de l'amour. Voilà ce qu'il nous faut reconnaître ! Nous ne le sommes pas. Alors que telle est pourtant la seule possibilité que nous ayons de rester humains.

Car il n'y a pas d'autre possibilité de vivre. Si nous y renonçons, nous renonçons à notre humanité. Ce qui est terrible, c'est que presque tous les hommes, tous les philosophes et penseurs, les gens autorisés à prendre la parole tentent de restreindre l'impact de l'amour. D'en diminuer l'ampleur. De le ramener à des éléments

1. Cité in Véronique Lossky, *Marina Tsvetaeva, Un itinéraire poétique*, Dolin, 1987, p. 150.

connus. Le défigurent. Le nient. En font une petite affaire sentimentale. Nietzsche dit vrai, lorsqu'il s'écrie : « Notre siècle est un siècle d'excitation, et c'est pourquoi il n'est pas un siècle de passion ; s'il ne cesse de s'échauffer, c'est parce qu'il sent bien que la chaleur lui manque – au fond le froid est à la glace[1]. »

Notre conception de l'amour a tué l'amour.

Pourtant, à chaque moment, il est possible de sauter dans l'amour. Un ami vous appelle au téléphone. Allons-nous nous préserver dans les convenances ou entrer à pieds joints dans l'immense ?

C'est aussi simple.

À chaque instant, le choix est là.

Aimer, c'est refuser de regarder quoi que ce soit à partir de nos petits calculs. C'est changer de point de vue. Pour le dire de façon provocante : l'amour n'a rien de naturel car il touche à l'impossible. Or l'homme n'est pas un être naturel, mais un être tissé dans l'impossible.

Alors nous ne pouvons qu'échouer. Écouter l'amour, c'est être blessé.

Est-ce par peur de l'échec que nous avons posé nos bateaux à quai, que nous les avons scellés dans du béton et fermé à double tour les portes menant à l'océan ? Mauclair, qui fut l'un des proches de Mallarmé, rapporte un entretien qu'il eut avec lui. Ayant lu dans un article qu'un journaliste traitait Villiers de l'Isle-Adam,

---

1. Cité in Eryck de Rubercy, Dominique Le Buhan, *Douze questions posées à Jean Beaufret à propos de Martin Heidegger*, Aubier, 1983, p. 41.

qu'il aimait particulièrement, de « raté », il exprima à Mallarmé son indignation. Mallarmé l'écouta, puis dit : « Mais, Mauclair, ratés... nous le sommes tous ! »

Ce point est crucial. Il nous faut admettre notre « échec ». Et cela sans en faire toute une histoire, car prendre au sérieux sa médiocrité est encore une forme d'orgueil. Se dénigrer soi-même est une forme d'orgueil. Dire : « Je suis certes, peut-être, appelé à l'amour, mais je n'en suis pas capable » est de l'orgueil. On tient alors trop à soi-même. Mallarmé poursuit : « Que pouvons-nous être d'autre, puisque nous mesurons notre fini à un infini ? Nous mettons notre courte vie, nos faibles forces, en balance avec un idéal qui, par définition même, ne saurait être atteint. Nous sommes donc forcément des ratés prédestinés ; comment nous plaindre de ce destin que nous avons choisi ? Plus nous visons haut et loin, plus nous rêvons l'absolu, et plus nous sommes, par avance, ratés[1]. »

*

De l'amour fou à la folle sagesse de l'amour

« En amour, écrit Marina Zvétaieva, quel effort n'ai-je pas fait sur moi-même pour qu'on m'aime comme n'importe laquelle, c'est-à-dire de manière insensée, à la

1. Camille Mauclair, *Mallarmé chez lui*, Bernard Grasset, 1935, p. 100.

folie, et y suis-je parvenue même une seule fois ? Non, pas une heure ; j'avais beau oublier qui j'étais, ce que j'étais, l'autre ne s'oubliait jamais[1]. »

Il n'y a pas d'autre espérance possible pour un être humain.

Nous la soutenons ou nous la fuyons.

Ce que demande ainsi Marina Zvétaieva, c'est d'aimer et d'être aimé à la hauteur de l'amour, c'est-à-dire « à la folie ». La demi-mesure est tout simplement inenvisageable. *Un amour où l'on ne s'oublie pas n'est pas de l'amour.* Marina Zvétaieva est fidèle à l'épreuve de l'altitude. Sa fille en témoigne, dressant ce singulier portrait d'elle : « L'air que respiraient ses sentiments était incandescent et électrifié, elle ne comprenait pas qu'il était irrespirable, qu'une aspiration suffisait ! Elle s'imaginait que tous les habitants des vallées étaient des alpinistes. Elle ne comprenait pas que les gens puissent être fatigués par l'altitude et elle leur donnait le mal des montagnes[2]. » Il est très rare de rencontrer un être qui donne l'impression d'avoir vécu en permanence à un degré aussi paroxystique de l'existence. Le mot qui la caractérise le mieux est, sans doute pour cette raison, *incandescence* : « En moi, tout est incendie. Pourquoi le feu ? Parce que cet élément incarne la brûlure intérieure. Pour recevoir, il ne faut pas moins de plénitude et de force que pour donner. Si vous aviez les mains vides, quêteuses comme toutes les femmes, votre vide

1. Marina Tsvetaeva, *Vivre dans le feu*, *op. cit.*, p. 400.
2. Ariadna Efron, citée in Maria Belkina, *Le Destin tragique de Marina Tsvetaeva*, Albin Michel, 1992, p. 29.

serait accepté. Seuls les dieux ne redoutent pas les offrandes. Rencontrez un dieu[1]. »

Ce qui la blesse est de ne pas pouvoir tout donner. La démesure de notre don, que nous avons tant besoin de faire, est refusée. Comment le garder plus longtemps ? Personne, si ce n'est « un dieu », ne peut accepter que tout lui soit donné. C'est affreux. Car il n'y a pas de vie dignement humaine qui puisse se passer de ce don intégral. À Konstantin Rodzévitch, elle écrit : « Avec vous une sensation fascinante, alors que pour les autres c'est toujours trop, vous, vous n'en avez jamais assez, de ma faim de loup, avec vous la donne n'est jamais suffisante[2]. » C'est ici que l'on peut enfin respirer, dans ce « trop » qui enfin suffit.

C'est en ce sens, et avec justesse, que Marina Zvétaieva peut écrire : « Je n'exagère rien, je minimise tout. »

Pour la philosophie, la relation amoureuse n'est pas raisonnable. Elle échappe à toutes les lois. Elle serait du côté de la passion qu'il faut domestiquer comme on domestique une bête fauve, par la raison, par la civilisation, par la culture. Aussi a-t-elle peu à peu tourné le dos à la dimension la plus profonde de l'amour que Socrate n'a pas encore, à l'âge du commencement de la philosophie, entièrement dénigrée.

Qui est insensé ? Celui qui aime ou celui qui s'en défend ? Celui qui consent à l'ardeur la plus haute ou

1. Marina Tsvetaeva, *Vivre dans le feu*, *op. cit.*, p. 403.
2. Marina Tsvetaeva, *Lettres de la montagne* et *Lettres de la fin*, *op. cit.*, p. 150.

celui qui considère que l'amour est une maladie dont il faudrait guérir celui qui en est atteint ?

Socrate se définit comme un fou, un être vivant hors des sentiers connus qu'impose toute société. Il sait, lui qui sera mis à mort, combien le rêve social vise à cadenasser les cœurs sous le règne de ce que la société nomme la « morale », qui n'est que le nom du conformisme le plus terrible, le conformisme dont l'ambition est partout d'éteindre l'incendie de l'amour.

Partout l'amour bouleverse les codes. Partout on cherche à l'empêcher.

Dans nombre de cultures, cet amour que Marina Zvétaieva a tenté de vivre est décrit et vécu comme une expérience sacrée – et non comme une maladie psychique. Une expérience de saine folie. Socrate insiste sur l'importance de ne pas « se laisser troubler ni intimider par ceux qui disent qu'il faut préférer à l'amant agité par la passion l'ami maître de lui [...]. Nous avons au contraire à démontrer que c'est pour notre plus grande félicité que cette espèce de délire nous a été donnée[1] ».

Repensons cette folie. Que nous dit-elle ? Non pas qu'il nous faut nous échapper d'ici, mais que nous nous sommes détournés de l'ici – pour des rêveries et pour des peurs. Que nous sommes à côté. Que nous faisons semblant.

Au fond, l'intensité de l'amour est inversement proportionnelle à notre refus d'aimer. À la tiédeur de nos aspirations. À cette médiocrité de la plupart des conver-

1. Platon, *Phèdre*, 244a, et 245b.

sations habituelles. Si loin du cœur. Des mots qui tournent pour rien. Nous le savons bien.

Lorsque, le 6 avril 1933, Antonin Artaud prononça une conférence à la Sorbonne, « Le théâtre et la peste », il tenta de dire de la façon la plus réelle possible cette intensité, d'en faire apparaître la nécessité. La salle était comble. La lumière était crue et plongeait dans l'obscurité les yeux d'Artaud, dont on ne voyait qu'un visage sans regard. Il commença à évoquer la nécessité de vivre dans l'intensité, de donner naissance à une manière plus haute de sentir et de vivre. Mais, comme le raconte Anaïs Nin, dans son journal, d'une manière presque imperceptible, Artaud délaissa le fil de son propos « et se mit à jouer quelqu'un mourant de la peste. Il avait le visage convulsé d'angoisse, et ses cheveux étaient trempés de sueur. [...] Il nous faisait sentir sa gorge sèche et brûlante, la souffrance, la fièvre, le feu de ses entrailles. Il était à la torture. Il hurlait. [...] Les gens eurent d'abord le souffle coupé. Puis ils commencèrent à rire. Tout le monde riait ! Ils sifflaient. Puis, un par un, ils commencèrent à s'en aller à grand bruit, en parlant, en protestant ».

Artaud continua comme si de rien n'était, jusqu'à ce qu'il ne reste plus que quelques personnes dans la salle. Il s'arrêta alors et, après s'être levé, il se dirigea vers Anaïs Nin, qui était alors sa maîtresse. Il lui demanda de faire quelques pas avec elle. « Il était blessé, durement atteint et déconcerté par les huées : "Ils veulent, me dit-il alors, toujours entendre parler de ; ils veulent entendre une conférence objective sur le théâtre et la peste, et moi je veux leur donner l'expérience même, la peste même, pour qu'ils soient terrifiés et qu'ils se réveillent. Je veux les réveiller. Ils ne comprennent pas qu'ils sont morts. Leur mort est totale, comme une surdité, une cécité. C'est l'agonie que j'ai montrée. La mienne, oui, et celle de tous ceux qui vivent."[1] »

Je ne connais pas beaucoup de textes qui disent aussi précisément ce qu'énonce l'amour : « Tu es mort, réveille-toi. »

Et dans l'amour, en effet, quelque chose se donne enfin, comme de surcroît. J'ai parlé plus haut de mystique, mais c'est faute de mieux, et j'ai sans doute tort. L'expérience est si simple. Devant un ami qui nous est cher, recevant un dessin qu'un enfant vient de faire pour nous, apercevant une inconnue d'une beauté à couper le souffle, cette même intensité pourrait nous saisir. Fissurer la glace qui recouvre notre cœur.

Quelques semaines après la conférence, Artaud écrit dans une lettre à Anaïs Nin : « Étant ce que vous êtes, vous devez comprendre la grande joie douloureuse, et même la stupéfaction que j'éprouve à vous avoir ainsi rencontrée : d'un coup je vois comblée, exactement, hermétiquement remplie (dans tous les sens) ma solitude sentimentale infinie, et remplie d'une manière qui m'effraye, le destin m'apporte et au-delà tout ce que j'ai pu rêver, souhaiter, tout ce que j'ai désespéré d'avoir ; et comme tout ce que la destinée apporte, tout ce qui est inéluctable, et voulu dans le ciel, cela vient envers et

1. Anaïs Nin, *Journal (1931-1934)*, Stock, 1969, p. 208 et suiv.

contre tout, sans une hésitation, spontanément, tout de suite, sans un recul, beau à faire peur ! À me faire croire que les miracles sont de ce monde, si je ne pensais pas que ni vous ni moi ne sommes tout à fait de ce monde, et c'est cela cette rencontre trop parfaite qui me stupéfie et m'affecte comme une douleur[1]. »

L'amour est merveilleux et intenable. Mais cet intenable révèle combien ce qui lui est contraire, et semble si raisonnable, est médiocre.

La folie de l'amour a ceci d'inouï que rien n'est hors sa juridiction. Elle brûle malgré tout, malgré les trahisons et les échecs, les abandons et les refus. Tu m'as blessé, tu t'es détourné de moi – rien de l'amour que j'ai pour toi n'en est changé. Là où la haine apparaît, c'est que l'amour faisait défaut.

Si quelqu'un vous dit du mal de qui il a aimé, c'est qu'il ne sait rien de l'amour. C'est qu'il cherche à juger de l'immense avec les débris de ses mécontentements et de ses frustrations. L'amour est plus vaste. Il est le cœur d'où la pulsation de l'univers trouve sa source.

Au Japon, la divinité de l'amour, Aizen-myoo, présente un visage d'effroi. Il n'est pas un gentil angelot potelé, mais son expression est courroucée et sur sa chevelure hérissée apparaît une tête de lion. Imaginez que pour la Saint-Valentin, au lieu d'offrir des cœurs roses et des tendres fleurs, vous donniez l'image d'un être effrayant entouré de flammes. Au lieu d'inviter à une

1. Antonin Artaud, *Œuvres*, Gallimard, « Quarto », 2004, p. 393.

rêverie sucrée, vous disiez ainsi à celui ou celle que vous aimez : « Ne veux-tu pas entrer avec moi dans la vraie vie ? Ce ne sera pas toujours confortable, mais nous y serons en vérité. Nous ne chercherons pas à acquérir quelque chose, mais nous nous abandonnerons au plus grand et au plus vaste. »

Voilà une des vérités de l'amour que la plupart des êtres humains ont éprouvée. C'est intenable et merveilleux tout à la fois.

Seul à l'endroit du brasier tout est nécessaire.

En guise de conclusion

« Pourquoi l'amour est-il d'une richesse sans commune mesure avec d'autres possibilités accordées à l'être humain, et un suave fardeau à ceux qu'il atteint, sinon parce que nous nous métamorphosons en ce que nous aimons tout en demeurant nous-mêmes[1] ? »

Lors de chacune de nos rencontres, mon grand-père me regardait avec des yeux emplis d'une sobre bonté. Il me suffisait de le voir pour me rappeler que mon existence n'était pas une faute.

Je peux encore aujourd'hui me souvenir de la façon dont il tenait ma main, d'une manière douce et sûre. Nous marchions dans les rues de son petit village et les troènes en fleur me semblaient témoigner de sa bienveillance. L'espace tout entier était transformé par sa présence. Adolescent, je voulais encore marcher en lui tenant la main. Il acceptait toujours avec tendresse. Je

1. Martin Heidegger, lettre à Hannah Arendt, 21 février 1925, *Lettres et autres documents*, *op.cit.*, p.17.

me souviens de son sourire quand il ouvrait la porte de ma chambre. Je me sentais alors en sécurité. Ce que je faisais l'intéressait et l'emplissait de curiosité.

Il m'aimait sans raison.

Nous avons tous vécu des heures où nous avons été aimés. Où nous avons senti le souffle de l'amour. Son immensité. Sa gratuité.

Parfois, quand les jours s'assombrissent, il est bon de s'en souvenir. L'amour est possible. En lui, en lui seulement, nous pouvons être saufs.

Celui qui a tout, s'il lui manque l'amour, est démuni. Il n'est pas vraiment. On a tous connu des êtres que le souffle de l'amour ne réussit plus à toucher. Qui ont fermé la porte. Qui ont éteint la lampe. Qui ont posé des scellés sur leur cœur. Il est devenu impossible de les atteindre. Ils sont au loin d'eux-mêmes.

Pourtant, en vérité, l'amour n'est jamais loin. Il n'est jamais inaccessible. Il est toujours possible d'apprendre à le reconnaître. De savoir lui donner droit.

Malheureusement, ce qu'on en dit, le plus souvent, est faux. Nous égare. Nous sommes les victimes d'une suite d'extraordinaires contresens qui tissent notre réalité quotidienne – que nous en ayons conscience ou non.

J'ouvre un journal, un article est consacré à ce thème. Un invité, psychanalyste reconnu, explique : « L'amour repose sur l'idéalisation, l'attachement, la peur d'être abandonné – moteur très puissant –, un sentiment de reconnaissance aigu, les modèles parentaux. Et surtout le désir. »

C'est non seulement faux, mais lire de tels propos et les croire nous conduit, peu à peu, à ne plus rien comprendre à l'amour. Ces phrases que l'on lit « en passant » sont en réalité profondément destructrices.

Bien sûr, je peux être transi de peur, craindre d'être abandonné, être inquiet à l'idée de n'être pas compris. Bien sûr, je suis marqué par la manière dont mes parents m'ont accueilli dans le monde. Mais cela n'a strictement rien à voir avec l'amour. L'amour est toujours outre-amour (comme l'on dit outre-Rhin ou outre-Manche pour désigner un autre pays). Il est un autre monde que celui du calcul et des conditionnements auquel nous avons fini par l'identifier. L'amour est outre – outre tous nos calculs, toutes nos stratégies, tous nos modèles.

Le rapport dominant à l'amour qui règne aujourd'hui repose sur une idéologie profondément nihiliste, c'est-à-dire qui refuse la beauté possible de l'existence. Cette idéologie a une longue généalogie. J'ai tenté d'en montrer les grands axes, de raconter comment s'est mis en place un discours qui fait de l'amour une affaire sentimentale – voire un effet de pulsions biologiques ou génétiques. C'est la tâche à laquelle j'ai consacré ces quinze dernières années : essayer de retrouver le fil.

Nous sommes dans une situation intenable. Au début des années quatre-vingt, le Dalaï-Lama a rencontré les principaux enseignants bouddhistes occidentaux et les a invités à Dharamsala où il vit. Il a commencé par leur demander quelles étaient les principales difficultés auxquelles ils faisaient face. Très vite, chacun a reconnu que le problème essentiel des étudiants occidentaux qui s'engagent dans la méditation est de manquer profondément d'amour pour eux-mêmes et d'avoir ainsi bien des difficultés à connaître quelque chose de cet *outre-amour* qui en est la vérité. Le Dalaï-Lama ne comprenait pas du tout de quoi ces invités étaient en train de lui parler. Le traducteur se trouvait démuni.

Quand le Dalaï-Lama a fini par comprendre, il a regardé l'assistance avec un regard empli d'une infinie tristesse : « Mais comment est-ce possible ? Tout le monde est digne d'être aimé. »

Telle est la cause de tant de souffrances, le fait que tant de gens sont conduits à la désespérance, voire au suicide. Nous vivons dans un monde où l'amour n'a plus assez de place. L'amour n'est plus une question sérieuse. Les philosophes, les penseurs, comme presque tous les hommes politiques, l'ont abandonné.

Rejeté dans le domaine du pathos, des affects obscurs, l'amour ne nous présente plus qu'un visage désabusé[1].

Pourtant l'amour a été, au commencement de l'Occident, pensé par la philosophie, comme en témoigne son nom, où l'on retrouve *philia* (aimer). Mais ce thème a été peu à peu déserté par les philosophes à mesure que leur effort devenait plus abstrait, cérébral et spécialisé. La philosophie, comme l'Occident avec elle, s'est tournée de façon unilatérale sur l'intellect, au détriment de ce qu'elle considérait comme étant sensible et affectif. Si

1. Cf. Aude Lancelin, Marie Lemonnier, *Les Philosophes et l'Amour, Aimer de Socrate à Simone de Beauvoir*, Plon, 2008.

bien qu'aujourd'hui l'amour est jugé comme un rapport mineur à la vérité et au monde.

Pour nous la vérité, c'est bien plus ce qui est certain, ce qui est démontrable à l'aide de preuves – et que la science seule est à même d'établir, que le souffle de l'amour. Lorsque le peintre Georges Braque écrit dans un saisissant aphorisme : « Les preuves fatiguent la vérité », il touche à ce secret de l'amour dont nous nous sommes détournés.

Quand je me promenais main dans la main avec mon grand-père, quand je suis avec une amie dans le silence du soir qui s'avance, quand j'entends, assis silencieusement, les gouttes de pluie au beau milieu de la nuit, quand j'écoute Teresa Stich-Randall chanter, quand je vois les larmes d'une inconnue qui boit seule une tasse de chocolat à la terrasse d'un café, l'amour est là. Il est le plus simple du simple. Il est le plus inapparent. Un simple silence dans la voix.

Je me souviens d'un matin où, en sortant de cours, j'ai été boire un verre avec le professeur de philosophie qui m'a tout appris. J'appréciais beaucoup ces instants où nous étions tous les deux. C'était le mois de mars et le jour était particulièrement clair. Nous parlions de choses et d'autres. Quand à un moment, simplement à son regard, j'ai senti qu'il m'aimait.

Ce que je veux ici souligner est que l'amour vient comme les colombes. Sur la pointe du regard. On ne l'entend pas se poser près de nous. Il faut redoubler d'attention pour le remarquer. Lorsque nous le faisons, tout en est alors transformé.

L'amour est possible. À portée de main. Sans lui, vivre est insoutenable.

J'ai écrit ce livre pour rappeler ce que vous savez déjà. Car de l'amour on sait tout, mais d'un savoir abîmé et souvent enfoui sous les amas de cette idéologie décourageante, ouvrière d'un monde désolé. Sous les couches de nos peurs et de nos crispations.

Je n'ai aucune solution à donner. Il n'en existe pas. Je peux juste rappeler qu'un chemin dans l'amour est possible. Un chemin pour chacun de nous.

Ce chemin nous conduit à devoir soutenir le manque d'amour, ce manque qui nous a marqués, qui nous a déformés. C'est un long chemin. Il nous faut l'emprunter. Peut-être que l'on ne guérit jamais, que l'on peut juste apprendre à vivre avec la blessure. Avec le cœur ouvert. Mais voilà l'étrange paradoxe : ce que nous fuyons le plus est l'occasion d'une floraison à même de donner des fruits.

Nous sommes blessés. Notre cœur est vulnérable. Il est comme une fleur qui, en s'ouvrant, s'expose à la démesure du dehors. Notre cœur est béant dans son accueil infini.

Même si je ne suis en rien chrétien, je suis touché par la manière dont le Christ témoigne de la nudité la plus extrême – nu dans la crèche, entièrement exposé à la souffrance du monde. Nu sur la croix, dans le refus de répondre avec violence à la violence. Je pense aussi aux sculptures du Bouddha où il se montre immobile dans la nudité du cœur qui ne craint plus rien.

Le Christ, le Bouddha sont comme des fleurs. Ainsi

que l'écrit Rainer Maria Rilke qui me soutient toujours aux moments inquiets de l'existence :

Le néant était pour toi comme une blessure,
Tu la rafraîchis avec le monde.
Maintenant, il guérit doucement par-dessous nous[1].

La blessure du cœur est une fleur qui se risque dans la flamme du visible. Aimer c'est, en effet, se risquer pleinement dans la liberté. S'en remettre à la diligence de l'amour qui se mue en un espace que rien n'altère, que rien ne limite. Ouvert.

Alors la fleur se condense et, en un sourire, devient plénitude du fruit.

---

1. Rainer Maria Rilke, in Jean-François Marquet, *Miroirs de l'identité*, Cerf, 2009, p. 341.

Bibliographie

Sappho

Sapphô, la Dixième des Muses, Hachette, « Coup double », 1995.

Louis Planchon, *Sappho retrouvée et Anacréon*, Paris, 1846, cité in *L'Égal des Dieux, Cent versions d'un poème de Sappho*, Allia, 1998.

Poétesses grecques, Sapphô, Corinne, Anyté, Imprimerie nationale, « La Salamandre », 1998.

Anne Carson, *Decreation, How Women Like Sappho, Marguerite Porete and Simone Weil Tell God*, Duke University Press, 2002.

Walter F. Otto, *Les Dieux de la Grèce*, Payot, 1993.

Sappho, *Poèmes et fragments*, édition bilingue de Philippe Brunet, L'Âge d'Homme, 1991.

Mme Guyon

La Vie de Madame Guyon par elle-même, Dervy, 1983.

Mme Guyon et Fénelon, *La Correspondance secrète*, Dervy, 1982.

Mme Guyon, *Le Moyen court*, Mercure de France, 2001.
Mme Guyon, *Les Torrents* et *Commentaires au Cantique des cantiques de Salomon*, texte établi, présenté et annoté par Claude Morali, Jérôme Millon, 2004.
Bossuet, *Instruction sur les états d'oraison*, *Œuvres complètes*, t. VIII, Paris, Lefevre, 1836.
Françoise Mallet-Joris, *Jeanne Guyon*, Flammarion, 1978.
Coll., *Madame Guyon*, Jérôme Millon, 1997.
Daniel-Rops, *L'Église des temps classiques, Le grand siècle des âmes*, Fayard, 1958.
Eugène Levesque, *Revue d'histoire de l'Église de France*, année 1914, volume 5, numéro 25.
Marjolaine Chevallier, *Pierre Poiret (1646-1719) du protestantisme à la mystique*, Labor et Fidès, 1994.
Jacques Le Brun, *Le Pur Amour de Platon à Lacan*, Seuil, « La librairie du XXIe siècle », 2002.
Gabriel Joppin, *Fénelon et la mystique du pur amour*, Gabriel Beauchesne, 1938.
Dinah Ribard, « L'anachronique ou l'éternel. L'abbé Brémond et l'histoire littéraire », *Les Cahiers du Centre de recherches historiques*, 28-29, 2002.
Jean-François Marquet, *Philosophies du secret, Études sur la gnose et la mystique chrétienne (XVIe-XIXe siècle)*, Cerf, 2007.
Henri Brémond, *Histoire littéraire du sentiment religieux en France, Les mystiques français du Grand Siècle*, Presses de la Renaissance, 2008.

Marina Zvétaieva

Marina Tsvetaeva, *Les Carnets*, Éditions des Syrtes, 2008.
Rilke, Pasternak, Tsvétaïéva, *Correspondance à trois*, Gallimard, 1983.
Marina Tsvetaeva, *Des poètes*, Éditions des Femmes, 1992.

–, *Octobre en wagon*, Anatolia, 2007.
–, *Vivre dans le feu*, Robert Laffont, 2005.
–, *Lettres de la montagne* et *Lettres de la fin*, Clémence Hiver, 2005.
–, *Prose autobiographique, Œuvres*, t. I, Seuil, 2009.
–, *Le ciel brûle*, Gallimard, « Poésie », 1999.
–, *Mon frère féminin*, Mercure de France, 1979.
Maria Razumovsky, *Marina Tsvetaeva, mythe et réalité*, Éditions noir sur blanc, 1988.
Maria Belkina, *Le Destin tragique de Marina Tsvetaeva*, Albin Michel, 1992.

Essais sur l'amour

Jacques de Bourbon Busset, *Lettre à Laurence*, Gallimard, « Folio », 1987.
Michel Cazenave, *Histoire de la passion amoureuse*, Oxus, 2005.
–, *Le Philtre et l'Amour, La légende de Tristan et Yseult*, José Corti, 1969.
Alain Daniélou, *Shiva et Dionysos*, Fayard, 1979.
José Ortega y Gasset, *Études sur l'amour*, Rivages, 2004.

Essais sur l'amitié

Alain, *Propos*, Gallimard, 1956.
Francesco Alberoni, *L'Amitié*, Pocket, 1995.
Jacques Derrida, *Politiques de l'amitié*, Galilée, 1994.
Ludovic Dugas, *L'Amitié antique*, Félix Alcan, 1894.
Cicéron, *L'Amitié*, Arléa, 1990.
Aelred de Rievaux, *Traité de l'amitié spirituelle.*
René Char, Albert Camus, *Correspondance*, Gallimard, 2007.

Chögyam Trungpa et la méditation

Asanga, *Le Message du futur Bouddha, ou la lignée spirituelle des trois joyaux*, trad. François Chenique, Dervy, 2001.
Bernie Glassman, *L'Art de la paix, Un maître zen engagé dans le monde d'aujourd'hui*, Albin Michel, 2000.
Krishnamurti, *La Révolution du silence*, Stock, 1971.
Chögyam Trungpa, *Enseignements secrets*, Le Relié, 2003.
–, *Folle Sagesse*, Seuil, 1993.
–, *L'Aube du tantra*, Albin Michel, 1982.
–, *Le Cœur du sujet*, Seuil, 1993.
–, *Le chemin est le but*, Véga, 2005.
–, *Le Mythe de la liberté*, Seuil, 1979.
–, *L'Entraînement de l'esprit et l'apprentissage de la bienveillance*, Seuil, 1998.
–, *Méditation en action*, Seuil, 1972.
–, *Pratique de la voie tibétaine*, Seuil, 1976.
–, *Shambhala, La voie sacrée du guerrier*, Seuil, 1990.
–, *La Sagesse de Shambhala*, Seuil, 2002.

Philosophie

Platon, *Le Banquet* ; *Phèdre*.
Aristote, *Éthique à Nicomaque*.
René Descartes, *Les Passions de l'âme*.
Jean-Jacques Rousseau, *Émile*.
Sören Kierkegaard, *Vie et règne de l'amour*, Montaigne, 1947.
Martin Heidegger, *« Ma chère petite âme », Lettres à sa femme Elfride*, Seuil, 2008.
– et Hannah Arendt, *Lettres et autres documents, 1925-1975*, Gallimard, 2001.

–, *Acheminement vers la parole*, Gallimard, 1976.
–, *Le Chemin de campagne*, in *Question II*, Gallimard, 1966.
Simone Weil, *Œuvres*, Gallimard, « Quarto », 1999.
–, *Intuitions préchrétiennes*, La Colombe, 1951.
–, « Formes implicites de l'amour de Dieu », in *Œuvres complètes*, t. IV, *Écrits de Marseille*, Gallimard, 2009.
–, *Notes sur la suppression des partis*, Climats, 2006.
Emmanuel Martineau, *La Provenance des espèces*, PUF, « Épiméthée », 1982.
François Fédier, *Voix de l'ami*, Éd. du Grand Est, 2007.

Poésie

Antonin Artaud, *Œuvres*, Gallimard, « Quarto », 2004.
Anaïs Nin, *Journal (1931-1934)*, Stock, 1969.
René Char, *Feuillets d'Hypnos*, *Œuvres complètes*, Gallimard, « Bibliothèque de la Pléiade », 1984.
Dante, *Vie nouvelle*, Gallimard, 1999.
René Daumal, *La Grande Beuverie*, Gallimard, 2008.
Jean Biès, *René Daumal*, Seghers, « Poètes d'aujourd'hui », 1967.
Emily Dickinson, *Lettres au maître, à l'ami, au précepteur, à l'amant*, José Corti, 1999.
Camille Mauclair, *Mallarmé chez lui*, Bernard Grasset, 1935.
Rainer Maria Rilke, *Œuvres*, 3 vol., Seuil, 1972-1976.
J.-F. Angelloz, *Rilke*, Mercure de France, 1952.
Marcel Proust, *À la recherche du temps perdu*, t. II, Gallimard, « Bibliothèque de la Pléiade », 1988.

Fabrice Midal transmet la méditation assise de l'attention ouverte et du pur amour et enseigne dans la perspective présentée dans ce livre lors de séminaires qu'il donne régulièrement au sein de l'association Prajña & Philia.

Pour tout renseignements et recevoir sa lettre d'information mensuelle :

http://www.prajna-philia.com/

Table

DU MÊME AUTEUR

(principaux ouvrages)

Philosophie

La Voie du chevalier, Dépassement de soi, spiritualité et action
Payot, 2009

L'Écoute du ciel
Pygmalion, 2009

Risquer la liberté, Vivre dans un monde sans repère
Le Seuil, 2009

Hommage à l'amitié
Le Pré aux clercs, 2008

Art et poésie

Rainer Marie Rilke, L'amour inexaucé
Le Seuil, 2009

Jackson Pollock ou l'invention de l'Amérique
Éd. du Grand Est, 2008

Petit traité de la modernité dans l'art
Pocket, Agora, 2007

Au service du sacré
Éd. du Grand Est, 2007

La Photographie
Éd. du Grand Est, 2007

Méditation

ABC du bouddhisme
Éd. Grancher, 2008

Introduction au tantra bouddhique, L'incandescence de l'Amour
Fayard, 2008

Le Bouddhisme à travers 100 chefs-d'œuvre
Presses de la Renaissance, 2007

Chögyam Trungpa, une révolution bouddhiste
Éd. du Grand Est, 2007

Quel bouddhisme pour l'Occident ?
Le Seuil, 2006

Bouddha, Jésus, quelle rencontre possible ?
avec Denis Gira, Bayard-Centurion, 2006

Trungpa
Le Seuil, 2002

Mythes et dieux tibétains
Le Seuil, « Points Sagesse », 2000

La Pratique de l'éveil, De Tilopa à Trungpa
Le Seuil, « Points Sagesse », 1997

Composition Nord Compo
Impression : Imprimerie Floch, avril 2010
Éditions Albin Michel
22, rue Huyghens, 75014 Paris
www.albin-michel.fr
ISBN 978-2-226-19144-1
N° d'édition : 18394/02 – N° d'impression : 76442
Dépôt légal : février 2010
Imprimé en France.